도산 안창호

도산 안창호

초판인쇄 | 2022년 1월 10일
초판발행 | 2022년 1월 15일
2쇄 발행 | 2025년 2월 15일

원　작 | 이광수
편　역 | 임서재

발 행 인 | 이웅현
발 행 처 | 부카
편집 · 디자인 | 부카
출판등록 | 제25100-2017-000006호
　　　　　　대구광역시 달서구 문화회관길 165, 대구출판산업지원센터 408호
　　　　　　전화_ 053-423-1912　　팩스_ 053-639-1912
　　　　　　이메일_ bookaa@hanmail.net

ⓒ ISBN 979-11-89045-97-5

- 이 책의 내용은 저작권법의 보호를 받는 저작물이므로 무단전재와 복제를 금합니다.
- 잘못 만들어진 책은 구입처에서 바꿔 드립니다.

도산 안창호

원작 **이광수** | 편역 **임서재**

부카

서문

편저자가 춘원 이광수의 도산 안창호 읽은 때는 30여 년 전이다.

이 책 읽고 너무 감동, 충격 받아서 늘 끼고 다니던 때 있었다. 그리고 생각했다.

"이 위대한 책이 전 국민 필독서 된다면 우리나라가 얼마나 멋진 나라 될까? 그리하자면 고등학교 정규과목 속에 이 책 수업시간을 별도 편성하면 어떨까?"

그리고 생계 위해 산업전선에서 좌충우돌하며 지금껏 살아왔다. 그런데 지금도 나의 의식 저변에는 그때의 도산이 살아있어 나의 행동 제어한다. 물론 현실과 많이 타협해 온 것도 사실이지만. 예전 기억 떠올라서 다시 읽어 보았다. 역시 그때 충격 그대로이다.

함석헌 선생은 말한 적 있다.

"좋은 사상 가진 민족은 망하지 않는다. 그런데 우리 민족은 특이할 좋은 사상 만들어 내지 못했고, 주로 남의 것 받아 들여 이용했다."

그런데 편저자는 단군의 건국이념인 홍익인간, 재세이화는 단순한 것 같지만 그 뿌리 깊고, 또한 도산 사상이 우리 민족의 근간 사상 될 만하다고 본다. 도산 사상이라고 하더라도 도산은 한국이 길러낸 인물이기에 우리 민족 저변에 흐르던 사상이 녹아 있다고도 볼 수 있을 것이다. 유대인은 탈무드나 유대교 길잡이해서 숱한 역사적 고난 이겨왔다. 한국인은 도산 사상으로 그렇게 할 수 있으리라 보는 것이다.

이 시대에 굳이 도산 안창호 찾느냐고 의문하는 사람도 있을 것이다. 그러나 많은 사람들이 자신의 정체성과 목적 잃고 단지 잘 먹고 잘 살아보겠다며 기회주의자로 살고 있는 것이다.

그런데 춘원의 '도산 안창호'는 조선시대 어투 많은데다 정리 안된 어구나 문장 꽤 있어 독자 힘들게 한다. 그러나 그 때의 열악한 시대상황 생각한다면 이는 이해되고도 남는 것이다. 그리고 지난 세월 동안 어법이나 단어도 꽤 바뀌었다. 이를 현 시대에 맞게 일부 보정하고 다듬어서 다시 펴내어야겠단 생각 든 것이다. 물론 당시 시대상에 맞는 대표 단어나 어투는 일부 살리는 것도 괜찮을 것이다. 다만 일부 지엽적 역사나 이데올로기적 내용은 제외, 간략화하고, 글의 순서도 일부 바꾸었다.

　여기에 편저자가 평소 생각해 온, 현 한글의 지나친 격조사 사용 인한 상세 설명식 문장 구조로 독서 과정에서 독자가 오히려 현저히 집중력 잃고 지치며, 또 이는 결과적 심각한 독서율 하락 낳는다는 관점에서, 또 이는 도산의 평생소원인 세계일류 한국 만드는데 절대 장애 될 수 있다는 점에서, 또 그 대책으로는 영어나 중어의 문장처럼 한글 문장에서도 각종 격조사(특히, 보격, 목적격, 형용격, 부사격, 관형격 조사) 없애거나 대폭 줄여 꼭 필요한 곳에만 쓰야 한다는 관점에서, 이 책에 이 아이디어 넣어 만들어 보고자 한 것이다.

　지금 이 시대를 흔히 무한경쟁 시대이자 지식정보화 시대라 하거니와 지식이나 정보가 대부분 글로 되어 있다는 점에서 한글 문장의 집중력 있는 생산적 문장으로의 개선은 한국의 재도약 도정에 절대 과제라고 아니 할 수 없을 것이며, 그러한 집중력 있는 좋은 글로 만들어 가는데 그 방향성도 제시하고자 하는 것이다.

도산은 독립운동가일 뿐 아니라, 위대한 사상가이다. 석가, 예수 같은 성인 있지만 그들은 도산만큼 손에 잡히는 현실적 생활상 반영한 분들은 아니다. 그러나 도산은 인류의 공동 번영 방안을 현실적·구체적 적시하고 있고 그 미래상은 독자의 머릿속에 뚜렷이 각인된다. 의식적 노력도 별로 필요 없고 이 책 읽음과 동시에 독자의 의식구조가 저절로 뿌리째 새 포맷될 것이다. 그리고 옛 성현들이 그렇게 부르짖었던 만물과 조화하는 삶 실천하려 고민하는 자신 발견할 것이다. 이는 또 하나의 놀라운 사실이다.

물론 도산 사상은 일종 겸애주의이기 때문에 당사자는 남 뒤 따라가는 2류 인으로 평가받을 수도 있다. 그러나 그가 속한 사회나 조직은 날로 강해지며 스스로 알아채지 못하면서도 인류의 존경받는 유토피아 세상으로 점점 나아가게 될 것이다.

도산은 평범히 그리고 단순히 정직하고 성실하려 하면서도 몸소 사랑 실천하여 공존세상 꿈꾸었던 소박한 성인이라 할 것이다. 인류사에 이처럼 조용히 그리고 명쾌히 타이르고, 결과적 강력히 인도하는 자 있었던가? 근래에 한국이 이만큼 나름 성장한 것도 사실 도산의 보이지 않은 공로로 본다. 그리고 나아가 세계 1등 모범 문화의 선도국가가 된다면 이 또한 그의 공로일 것이요, 만일에 하나, 국민들이 더 이상 참되지 않아 또 지리멸렬해진다면 이는 도산 잊었기 때문일 것이다.

예수도 도산도 힘 가진 자들에 죽임 당했다. 결국 선이든 정의든 힘없으면 무의미할 수 있단 것이다. 힘 있어야 자신이 존재할 수 있고, 존재해야 선의든 정의든 그 실현할 기회 얻는다는 것이다. 내가 배제된 선과 정의란 무슨 의미란 말인가? 그런 의미에서 전장에서 패한 장수의 선과 정의는 변명에 불과할 뿐 그 자체로 이미 악일 수 있다. 또한 참됨과 실력 쌓기에 치중하기보다, 대신 거짓과 편당으로 기회 노리는 자는 결국 악의 존재로 볼 수 있을 것이다. 도산은 이 사실 직시하고 평생 노력하였다.

그런데 이러한 도산의 사상이나 생애 제대로 알게 해준 춘원이 없었다면 도산의 노력은 어쩌면 한 때 빛나다가 하릴없이 사그라지는 촛불 같은 신세 될지도 모를 일이다. 그러므로 그 생애 잘 알고 제대로 쓴 이러한 기록들은 그 자체로 위대한 보물인 셈이다.

그리고 여기에 보태어 편저자는 생산적 독서 가능케 하는 나름의 최적화된 문장으로 개선하여 독자에 다가가려는 것이다.

서문 4

제1부 생애

1. 소년 15
2. 미주유학 23
3. 신민회 31
4. 망명 57
5. 미주활동 77
6. 상해활동 87
7. 순국 117

제2부 상애

1. 자아형성 ················ 133

2. 수양 ···················· 151

3. 이상촌 ·················· 161

4. 흥사단 ·················· 171

5. 동지애 ·················· 221

6. 인류애 ·················· 241

제1부

생 애

1 소년
2 미주유학
3 신민회
4 망명
5 미주활동
6 상해활동
7 순국

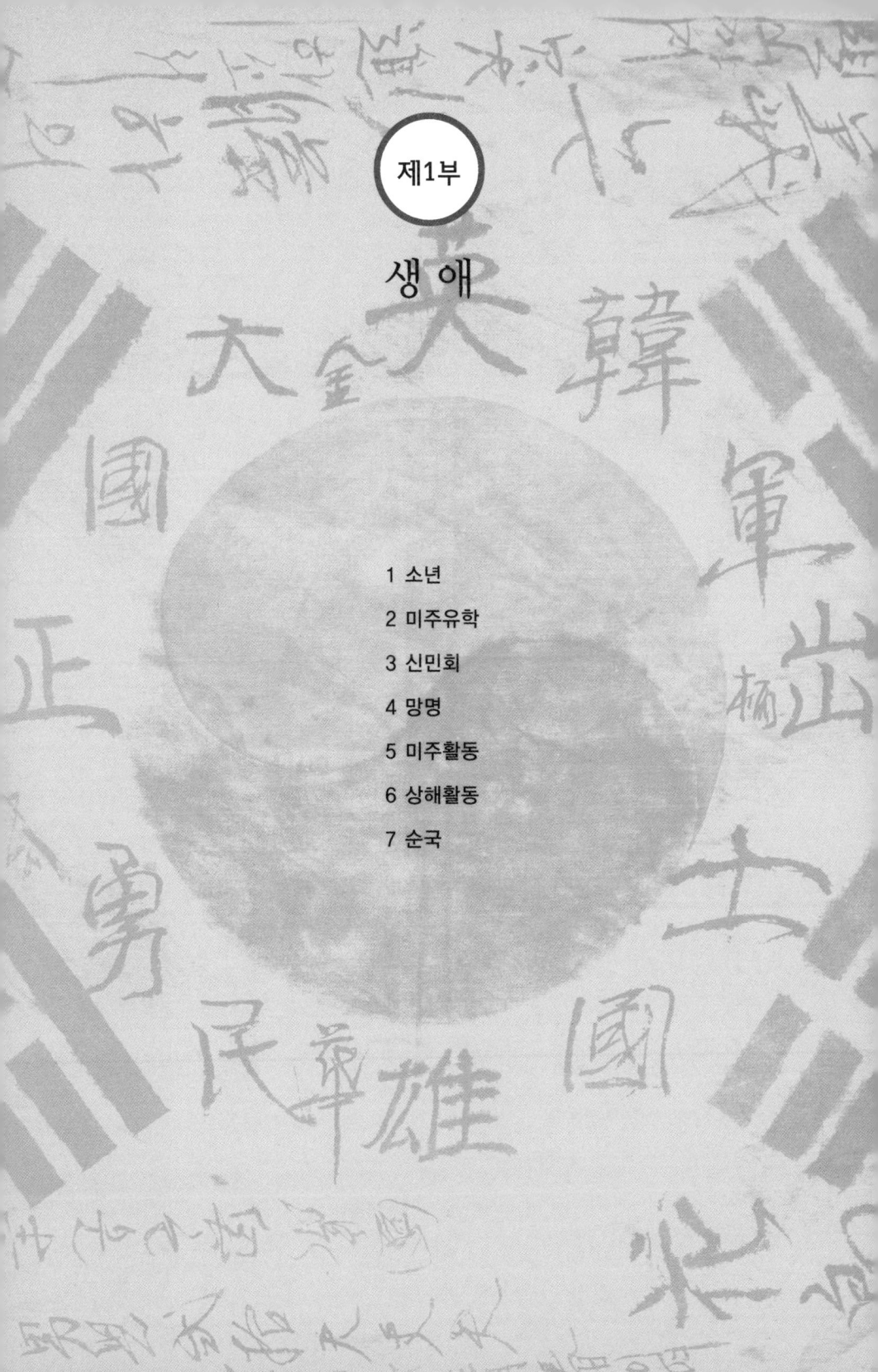

1 / 소 년

금수강산으로 불릴만한 대동강 연안이 선생의 고향이자 출생지요, 만년에 잠시 칩거하던 곳이다. 안 씨 친족이 산 곳은 평양의 동촌(東村)이니 대동강의 동안(東岸)은 낙랑고분이 있는 남연이요, 선생의 출생지는 대동강 하류의 여러 섬 중 하나인 도롱섬이다. 이는 그의 부친이 농토 구해 동촌에서 도롱섬으로 이사한 까닭이다.

선생의 이름은 창호(昌浩), 호는 도산(島山), 1878년 11월 12일에 도롱섬에서 한 농가의 차남으로 태어났다. 도산이 어려서는 고향에 있는 사숙(私塾, 일종의 서당)에서 공부하였는데 그 천성의 명민함은 이미 주위 놀라게 하였다.

도산이 17세 되던 해에는 청일전쟁이 일어났다. 그는 평양에서 일본군과 청군이 접전하는 모습 보았고 또 전쟁의 자취도 보았다. 많은 평양 주민이 헤어지고 유적과 가옥은 파괴되었다, 이에 안창호는 일본과 청나라가 어찌 우리 국토 내로 군대 들여 전쟁하게 되었는지 의문하게 되었다. 그는 수년 연상인 필대은과 이 문제로 밤새 토론하였다. 그리고 도산은 한 가지 결론 얻었다.

"타국이 우리 강토에서 마음대로 설치는 것은 우리나라가 힘 없기 때문이다."

그런데 이 청일전쟁에서 결국 청이 패하고, 이로 맺은 시모노세키조약(1895)에서 청·일 두 나라로부터 조선의 독립이 승인되었다. 이는 청나라 태종의 조선 침입과 조선 인종의 남한산성 항복 이래 2백여 년 간 청나라가 가졌던 조선에의 종주권을 승전한 일본의 요구로 청나라가 포기한 것이다. 이리하여 조선은 국호를 '대한'이라 하고, 군주를 '대황제'라 하고, 동서 열강과 외교관 교환하며, 겉으로는 독립국의 체면 세웠다.

형식적이나마 독립한 대한제국은 궁정 예의는 황제식으로 고치고 목조(태조의 고조부)에서 태조까지의 4대를 황제로 추대하였다. 그러나 당시 국고는 매관매직으로 충당되었으니 비싼 값으로 방백과 수령의 자리 사서 행세하던 자들은 적어도 본전의 몇 배 벌려고 하였는데, 남원부사 변학도가 그들의 스승이었다. 이 상태로 독립되었기에 나라의 살림은 더욱 가난하였고 민생은 도탄 속 허덕이고 있었다. 힘은 없고 이름만 있는 대한 독립이었다. 도산은 생각하였다.

"힘이 없구나!"

안창호는 이 때 이 힘없는 국토 노리는 자 있다고 생각하였다. 그것은 패전한 청나라는 차치하고 러시아와 일본이었다. 러시아는 슬라브 민족의 뒤쳐진 운명 만회하려 표트르 대제 이래 분기하였다. 다른 민족이 모두 바닷가나 기후·풍토 좋은 지역 차지하여 안락과 부강 누릴 때에 슬라브 족은 무슨 연유인지 아무도 살고 싶어 않는 동토(凍土), 흑토(黑土), 적토(赤土)의 차고 더운 것이 고르지 못한 뒷골목 세계에서 칩거하고 있었다.

 슬라브 민족이 이 불운의 처지 벗어나는 길은 서쪽으로 대서양·지중해 진출이 제1길, 남으로 인도양이 제2길, 동으로 태평양이 제3길이었다. 그 중에서 제1길은 당시 영·프·독의 세 강국이 있어서 범접할 희망 없고, 제2길인 인도양은 영국의 세력 범위 내요, 제3길인 태평양쪽이 오직 만만한 길이었다. 이에 러시아는 노쇠한 청제국 압박하여 네르친스크 조약 맺어, 흑룡강 이북 땅 할양 받고 만주의 모든 권익 인정받으며 태평양 진출기지로써 조선 엿보는 것이었다.

 안창호는 새 독립 조국이 북으로 러시아의 먹이 대상 되고, 동으로 일본의 대륙진출 기지 대상인 것 깨달았다. 일본이 청나라에 승전한 결과로써 조선의 독립 요구한 것은 우선 청나라의 수중에서 조선 꺼내놓고 서서히 자기 수중에 넣으려는 흉담인 것은 삼척동자라도 능히 추측할 수 있는 일이었다. 이때 사실 조선이 서둘러 해야 할 것은 러시아와 일본이 덤비기 전에 국력 충실히 해서 독립의 기초 공고히 하는 일이었다.

그러나 조정은 러시아에 아첨하고 일본에 친하여 일시적 안전 찾거나 자파 이익이나 쌓기에 급급하였다. 이때 광무제 고종은 러시아와 일본의 위험 피할 방책으로 이이제이, 즉 오랑캐로 오랑캐 제어한다며 영국, 미국, 프랑스, 독일 등 강국 끌어들여 러시아, 일본 두 나라 견제한 것이며, 또한 외국인 고문 채용하여 도움 받으려 한 것이다. 이러한 광무제는 바로 갑신정변 때 김옥균 등 의해 경우궁으로 피난의 파천되었던 이요, 민씨 구세력 일파에 붙어서 청군의 도움 요청하고 그 도움 받아 김옥균 이하 내친 자였다. 대한제국은 일대혁신은 멀리한 채 이러한 편의적 선택으로 지리멸렬하며 악 세력의 먹잇감으로 그냥 내던져진 상태였다.

서재필은 이때 미국에 오랫동안 망명하였다가 미국 시민이면서 조선 정부의 고문 자격으로 한성에 들어왔다. 서재필이 갑신정변 때 김옥균, 박영효 등과 거사하다가 실패하여 미국으로 망명하자 그의 삼족은 잡혀 죽임 당하였고, 그 역시 사형 받을 죄인이었다. 서재필은 조국 떠난 지 십 수 년 만에 조국의 독립 완성과 새 정치 하겠다는 웅지와 열정 품고 고국으로 돌아온 것이다.

서재필은 나라의 독립과 부강이 국민 각성과 단결에 있음 역설하였다. 그리고 이상재, 이승만 등 동지 규합하여 독립협회 조직하고, 독립신문 발간하고, 사대 유물인 모화관을 독립관으로 개칭, 거기서 연설회 열어 세계 대세와 정치, 그리고 국가의 나아갈 방향 논하였다. 또한 당시 광무제와 코높은 관리들 계몽·힐책하며 나라의 운명이 알 포개어 놓은 것처럼 위태함 경고하였다. 독립협회는 나중 범위 확대하여 만민공동회도 주관하며 자주외교, 국정개혁 등 요구하게 되었다.

이때 안창호는 필대은 등과 평양에서 궐기하여 쾌재정(快哉亭)에서 만민공동회의 발기회 열고 그 자리에 있던 감사 조민희 앞에서 수백 명의 집회 중 일대 연설하여 조민희에 감탄 자아내게 하였는데, 안창호의 명성은 곧 관서 일대에 진동하게 되었다. 안창호의 연설 요지는 이러하다.

"대한독립의 기초와 생명은 오직 힘이다."

"그럼, 힘이란 무엇이냐?
국민이 도덕과 지식 갖추어서 애국으로 단합하는 것이다. 그리하여 정치·경제·군사에서 남에 멸시 아니 받도록 되는 것이다."

"힘있는 국가가 되는 길은 무엇이냐?
덕 있고 지식 있고 애국심 있는 국민이 많이 늘어나는 것이다."

"그렇게 하는 길은 무엇이냐?
 우선 나 자신이 그러한 사람 되는 것이다. 즉, 내가 덕 있고 지식 있고 애국심 있는 사람 되는 것이다. 그러면 우리나라는 그만한 힘 더해지는 것이다. 내가 힘없고서 남 힘 있게 할 수 없는 것이니, 이는 내가 의술 없이 남의 병 고치려는 것과 같은 어리석음이다. 그러므로 우리의 각자인 나는 공부하여 힘 키워야 한다."

 이때 안창호는 이씨와 약혼 중이었으나 혼인은 공부하고 돌아온 뒤에 할 터이니 그때까지 기다리든지 아니면 다른 데로 출가시키라. 10년 내는 돌아올 기약 없을 것이라고 이씨 집에 선언하고 미국으로 향하는 길에 서울에 올라와 얼마동안 시국 관망하며 미국 선교사의 사숙(배재의 모체)에서 공부하고 있었다.
 그 중에, 독립협회가 주관하는 만민공동회에서는 의회공화제, 예산 공개, 자주적 외교 등 혁신안 자주 주장하게 되었는바, 친러의 구세력 관료들이 자신들 권력에 위기 의식 느끼고 황제와 의기투합해 독립협회와 만민공동회 탄압하게 되었다. 그리하여 서재필은 미국으로 도망가고, 윤치호는 중국으로 피하고, 이승만은 감옥에 갖히게 된 것이다. 결국, 자주외교나 국정개혁 등은 외면되고, 귀족관료들은 오히려 약소국 사냥하려는 열강에 편승하여 자신의 이익이나 지키려는 고식적 선택 이어가게 되었다.

안창호는 그 다음해 22세 때, 인천에서 편승하여 미주로 향하였으니, 이때 이씨 부인은 죽을 데더라도 같이 간다며 찾아와서 배타기 직전에 인천에서 초례 치르고, 남편 따라 나서게 되었다.

2 / 미주유학

도산이 청운의 뜻 품고 북미에 상륙한 때는 22세 청년이었다. 그때 도산의 주목적은 학업이었으나 당시 미국에 이민 온 한국 동포의 현실은 그를 학업에 전념할 틈 주지 않았다.

샌프란시스코에 상륙한지 얼마 안 된 어느 날, 도산은 길가에서 한인 두 사람이 상투 마주잡고 싸우는 걸 미국인들이 재미있게 구경하는 광경 보았다. 도산은 뛰어 들어가 그 싸움의 연유 물었다. 그들은 이 근방에서 중국 교민들에 인삼 행상 하는 이들이었다. 한인들은 그때까지 아직 가게 벌여놓은 자 없었는데, 대부분은 행상하는 인삼장수이거나 노동자로 생활하고 있었다. 두 동포가 싸운 이유는 상대가 약속된 판매지역 위반했다는 것이다. 도산은 이 인연으로 샌프란시스코에 살고 있는 동포들 찾아 그 생활상 조사하였고 결론 내렸다. "한민족은 당당히 독립할 국민의 자격 없다. 이러하니 미국인들이 우리민족 대해 미개인으로 보고 독립할 자격 없다고 본다."

도산은 여러 날 고민 끝에 자신의 공부 목적 버리고, 우선 미주동포가 문명 국민으로 생활할 수 있도록 하여 '한국인은 문명민족이다, 넉넉히 독립국가 경영할 소질도, 실력도 있다.'고 인정받는 수준까지 끌어올리리라고 결심하였다. 도산은 이강, 김성무, 정재관 등에 이 뜻 알렸다. 그들도 동감이라며 우리 4인은 이 목적 달성 때까지 노력하자고 약속하고, 또 도산의 생활

비는 세 사람이 벌어 댈 테니 도산은 동포 지도에 전력하라고 하였다.

이에 도산은 감격하여 미국 동포의 생활 향상 위한 분골쇄신 맹세하고 그 날부터 일 시작하였으니, 그야말로 그가 몸 바쳐 민족운동 시작한 날이었다. 이는 폼나고 빛나는 정치 혁명 운동 아닌, 만리타국에 유리되어 있는 불과 수백 명 동포의 계몽 위해 낮은 데서부터 출발하는 22세 청년 안창호의 모습이었다.

도산은 그 날부터 동포의 호별 방문 시작하여 그 생활상 시찰하였다. 일단 그의 눈에 띈 것은 동포들의 거처가 불결하단 것이다. 셋방·셋집 물론하고 장식 없고 소제(청소) 잘하지 않아 밖에서 얼른 보아도 한인 사는 곳 알 수 있을 정도였다.

첫째, 한인의 처소는 유리창이 더럽고 휘장이 없다는 것이다. 서양인들에는 반드시 그 있었다. 둘째, 문 앞이 더러울뿐더러 오는 손님 반기는 화초가 없었다. 셋째, 실내는 정돈 안 되어 있고 미화 안 된 채 불결하단 것이다. 그리고 집에서 여러 불쾌 냄새 난다는 것이다. 이 냄새 인해 서양인 이웃이 집 떠나는 일도 있었다. 그리고 한인의 시끄러운 고성 담화도 문제였다.

이에 도산은 우선 한 집씩 청소하기 시작하였다. 동포들은 도산의 일에 처음에 불쾌히 여기고, 의심·거절도 하였으나 점차 신임하여 도산 환영하였다. 그는 손수 비로 쓸고, 훔치고, 창 닦고 또 천과 철사 준비하여 커튼 만들어 치고 문 앞에는 화분 들여 꽃씨 뿌리고, 주방과 화장실까지 깨끗이 청소하였다.

이처럼 도산은 소제 인부로서 동포의 숙소 청결히 하고 미화하였다. 이는 몇 달 지나지 않아 동포들의 생활상 바꿨다. 그것은 다만 거처의 외양만 변모한 게 아니었다. 한인들의 정신까지 변화하여 꿈틀댔다.

'의관 정제하면 중심이 바로 선다.'는 말같이 산만하고 더러운 환경에 기거하는 것과 정결히 정돈된 데 있는 것과는 일어나는 생각이 다른 것이다.

동포들은 어느새 자주 면도하고 칼라와 의복에 때 안 묻게 하고, 이웃에 방해 안 되게 목소리 낮추고, 불쾌 냄새 안내려 애쓰게 되었다. "양코들한테 왜 눌리느냐. 그들이 뭐라든 내 멋대로 한다."며 뽐내던 몇 동포들도 서로 이웃 위하는 것이 문명인의 도리요, 또 여기서 한인 한 사람이 미국인에 불쾌감 주면 이는 전 미국인이 우리 민족 전체에 불쾌감 갖는 줄 깨닫게 되었다.

도산은 점차 신뢰 받아서 동포들은 어려운 일 있으면 도산과 의논하고, 또 집으로 그 청해 식사대접도 하게 되었다. 도산은 이런 신뢰의 날 올 줄 알고 소제와 심부름의 노역 계속한 것이다.

도산이 그렇게 동포들에 신뢰 얻게 되었을 때 도산이 처음 동포 간에 제의한 것은 인삼의 행상 구역 공평히 정하되 1개월씩 서로 구역 교환하고 인삼 가격 협정하여 값 떨어지는 폐단 없애자는 것이었다.

도산은 이처럼 점차 동포에 협동과 준법 훈련 하였고, 첫째, 인삼 행상들끼리 단합의 계(契) 만들어 한 조직에서 매입·매출 관리하여 신용과 이익 보장하려 하였다. 둘째, 한인 노동자의 통할기관 통한 노동력 공급으로 노동자들에 최저임금 보장하고 실직 줄이려 하였다.

도산이 이처럼 독특한 민족운동 시작하여 1년쯤 되니 이 운동의 효과가 미국인에도 반향 주었다. 샌프란시스코의 한 미국 자본가는 세 들어 있는 한인에게 궁금해 하였다.

"당신들에 지도자 났소? 한인들의 생활이 변하였소. 지도자 없이는 이리 변할 수 없소." 하였는데 안창호라는 사람이 지난 1년간 우리 지도하였다고 답하였다. 그러자 "그이 한번 만나게 해 주오." 하여 도산이 그와 면회하게 되었다. 그는 도산이 백발 노인 아닌 젊은이인 것에 놀랐다고 한다. 그 미국인은 도산 극구 칭송하고, 그에 감사하는 뜻으로 한국인에는 매년 1개월분의 집세 감액할 것 약속하였다. 또 도산에는 한국인 지도할 수 있도록 회관의 제공 자청하였다. 이것이 한국인 최초 회관이요, 예수 회관이 된 것이다.

도산은 이 회관에서 한인공립협회 조직하고 순 국문의 공립신문 발간하고 샌프란시스코 외에도 캘리포니아 등 흩어져 있던 한인과 또한 하와이, 멕시코 동포까지 규합하여 대한인국민회 만든 것이었다.

대한인국민회는 단순 교민 단체 아니었다. 그것은 민족의 수양운동 단체요, 독립혁명운동 단체요, 민주주의 정치실습 단체였다. 또한 재미동포 보호기관이요, 취직 알선기관이요, 노동조합이요, 권업기관이요, 문화향상기관이었다. 캘리포니아 주 행정청은 한인 문제는 대한인국민회에 자문하였고, 또 한인에 알리고자 하는 것은 이를 통하였다. 또 미국에 새 입국하는 한인은 여권 없거나 법정 휴대금 없을 시, 국민회에서 보증해주면 되었다. 사업주들은 노동력 필요하면 국민회 통해 한인 노동력 구하였고, 국민회는 그 응모하는 동포 보증하였으며, 사업주와 동포 간 이해 충돌된 때는 국민회가 동포이익 보호하였다.

국민회는 동포에 매년 5달러의 국민 의무금 징수하고 각 지방 대의원과 총회장은 투표로 선거하여 민주주의 정치도 훈련하였다. 또 본국에서 여행자나 유학생이 올 때는 이들 편의 주선하고, 동포 간 쟁의 있을 때는 미국인의 법정 가기 전에 재결하기도 하였다. 또 동포들의 생활 개선 지도하여 자긍심과 명예 유지하도록 하고 타국인의 비웃음 아니 받도록 하였다.

　국민회는 제1차 세계대전 휴전 때는 곧 대한인국민회 총회장 안창호 명의 신임장으로 워싱턴에 이승만 박사 파견하여 독립운동 시작하였다. 이는 상해의 신한청년당이 파리강화회의에 김규식 박사 파견한 것과 함께 주요 독립운동이었다. 한편, 국민회는 회원 성금으로 이승만이 있는 워싱턴 위원부의 경비 부담하고, 또 상해 임시정부 경비의 절반과 중경(충칭)에 체재 중인 임정 요인에 생활비 보내었다. 또 제2차 세계대전 말에는 재미한족연합회 조직하여, 그 15인 대표 뽑아 본국에 파송하여 독립운동 돕기도 하였다.

　대한인국민회는 40여 년 역사의 민족운동단체로서 그 수명이나 업적에서 우리 민족사에 대서특필할 위업 이루었다고 아니할 수 없다. 국민회는 또 시베리아에도 원동(遠東, 유럽에서 먼 동쪽이란 의미)지부 두었는데 제1차 세계대전이 터지던 여름에는 러시아 남동지역의 치타에서 3일간 원동 각지에 사는 한인들의 국민회 대의원회도 열었다.

　도산이 북미 동포 조직하였을 때는 러일전쟁이 끝나고 조국의 운명은 당시 신문의 표현처럼 누란(累卵) 위기였다. 이에 도산은 북미 동포 재촉으로 일본 경유하여 고국에 돌아왔으니, 이때는 이른바 을사(신)조약으로 이미 한국의 자주독립권 일부가 박탈되어 일본의 한국 병탄이 오늘내일 할 때였다.

3 / 신민회

러시아가 한국에 자신들의 기지로서 용암포(압록강 하구)와 마산포 강요한 것은 러시아가 한국의 북위 39도선 이북은 일본과 자신과의 중간 지대로서 서로 병사 주둔 말자며 일본과 맺었던 기존 조약 유명무실케 하는 것이었고, 이는 일본 격발케 하여 러일전쟁의 한 원인 되었다. 그리고 일본으로서도 모험이었던 이 전쟁의 마무리 위한 포츠머스 조약(1905)에서 중재자인 미국 대통령 루스벨트는 미국 내부 상황도 여의찮은 상황에서 러시아의 남하 견제에 일본의 힘 이용코자 일본에 한국과 만주에서의 특수권익 인정하였고, 영국도 동북아까지 지배력 확장 어려운 상태여서 그 승인하게 되었다.

도산은 북미에서 환국하는 길에 동경 경유하였는데, 동경 유학생들과 만났다. 그때 동경에는 태극학회라는 유학생 단체가 있었다. 이 단체는 일종의 애국 정당이어서 그 회합에서는 국가의 운명과 시국 관한 대책 토론하였고 태극학보 발행하여 우리 동포에 널리 정치적 계몽운동도 하고 있었는데, 이 태극학보는 당시 손꼽히는 정치 잡지였다. 얼마 후 대한유학생회가 생겼다.

도산은 태극학회의 간부 방문하고, 그 주최 학생회에서 일장 강연하였는데, 이는 청중에 우리나라에 큰 인물 났다 하는 감격 주었다. 이때는 도산이 처음 고국 떠난 지 8년 후로써, 그의 나이 30세였다.

도산은 동경에서 명성 높아짐과 함께 서울 들어오는 길로 전 사회의 주목 끌었다. 그의 당당 태도, 또렷 음성, 열성적 자세는 얼마 안 되어 유근, 박은식, 장지연 등 언론계 지도자와 유길준 등 선각자와 이갑, 이동휘, 노백린 등 청년 지사들이며, 이동녕, 이시영, 전덕기, 최광옥, 이승훈, 유동열, 유동주, 김구 등과 동지의(同志義) 맺는 계기 되었다.

도산의 연설은 유명하였다. 도산의 연설장에는 연일 회장이 만원되어 터질듯하였다. 그의 신지식과 애국·우국의 정성과 웅변은 청중에 감동주기 충분하였다. 도산이 주지하는 호소는 일관되었으니, 세계는 지금 민족경쟁시대인지라 독립국가 아니고는 민족이 바로 서지 못하고, 개인도 제대로 살아갈 수 없고, 각 국민이 각성하여 큰 힘 아니 내고는 독립국가 유지할 수 없으며, 큰 힘내는 길은 국민 각자가 분발 수양하여 도덕적 거짓 없이 참된 인격 닦으면서도, 지식적·기술적 유능 인재 되어야 하고, 이러한 인재들이 국가의 천년대계 위해 굳게 단결해야 한다는 것이다.

도산은 세계의 흐름 설명하고 한국의 국제적 지위가 얼마나 미약하며, 국가의 흥망이 목전에 있음 경고하고, 그런데 정부 당국자의 부패와 무능 한탄하고, 나아가서 우리 민족이 척결해야 할 결점 지적에 인정사정 없었다.

"지금 깨달아 스스로 힘써 고치지 않으면 누가 망국 막으랴" 하고 눈물 섞이어 호소할 때는 만장이 같이 울었다. 그러나 그는 뒤이어 우리 민족의 고상함과 선인의 공적 칭송하고, 또 우리가 하려고만 하면 반드시 태산반석 위에 문화와 부강 구비된 조국 이룰 수 있다고 하여 만장 청중에 서슴지 않고 "대한독립 만세!" 외치게 하였다.

도산의 귀국은 이처럼 국내에 청신 기운 일으켰다. 특히 주목할 것은 그의 민족운동 이론 체계였다. 단순 우국·애국 열의만이 아닌 냉철한 이지적 구국제세(救國濟世)의 계획과 반드시 이룬다는 승리의 신념이었다.

도산의 이 생각과 신념은 당시 사상계에 큰 반향주고 길 터주었으니, 개인 수양과 굳은 애국 단결로 교육과 산업진흥에 전력하자는 것이었다. 그리고 도산은 당시 지식인들의 여론 통일에 노력하였다. 그러나 당시나 지금이나 급진론자가 많았다. 이는 당장 정권 잡아 정치 혁신하고, 총력으로 독립국가 이루어야 한다는 것이니, 이 급진론자들은 도산이 그 중심인물 되기 원하였다.

그러나 도산은 오직 동지들의 혼연의 훈련과 산업진흥으로 국력과 민력 배양하는 것이 유일 진로라고 하였다. 그럼에도 급진론자들은 국가 존망이 목전인 때에 국력·민력 배양이란 것은 백년하청이라며 도산의 점진론에 불만하였다. 그러나 도산은 힘없는 혁명은 불가하다고 말하였다.

"갑신정변 때 김옥균 일파의 독립당 운동도 그러하였고 정유년 때 서재필, 이승만의 독립당 운동도 그러하였다. 번번이 시급 말하고 백년하청 탓하여서 되는 대로 거사하였다가 실패 아니 하였는가? 갑신년부터 단결과 교육, 산업주의로 국력 배양 운동 하였던들 20년 축적 안 되었겠는가? 정유년부터 실력운동 하였어도 10년 배양 아니었겠는가? 오늘부터 이 일 시작하면 10년 후 큰 힘 아니 쌓이겠는가?"

도산은 힘 준비야말로 독립 달성의 유일무이 첩경이라고 주장하였다. 도산이 급진론자 경계하는 또 하나의 이유는 그것은 조정에 뿌리박은 수구파 세력과 이토 히로부미의 일본 세력이었다. 급진론자의 주장처럼 신인들이 정권 잡는 방법은 수구파와 손잡는 일이요. 또 하나는 일본의 후원 얻는 것이다. 그리하여, 갑신 때의 김옥균이나 갑오 때의 박영효 모두 일본 후원으로 수구파 소탕하여 정권 잡으려한 것이다.

그러나 외력 빌린다는 것이 원체 대의에 어긋날뿐더러, 비록 일시 반대파 누르더라도 억압된 반대파가 반드시 매국적 조건으로 그 외세와 재결합하여 신파에 보복할 것이다. 하물며 이미 애국애족 정신 잃어버린 양반 관료랴. 그러므로 일본의 힘 빌리는 건 만부당하다고 도산은 역설하였다.

이 때 최석하가 이토 히로부미 만나 정치공작 하고 있었는데, 그는 이토에 한국에는 안창호 내각 출범시키는 것이 한국 혁신 위한 최고의 선택이라고 진언하였다. 동시에 도산에는, 이토의 진의가 한국 병탄에 있지 않으며, 한·일·청 삼국 친선으로 서세동점 막으려는데 있다고 전하였으며, 이토가 도산 만나고 싶어 함도 전하였다. 이토는 한국 조정에 신뢰할 만한 인물 없음 알았기에 민간 지사에 접근하여 이들 중에서 심복 구하려했던 것이다.

도산과 이토의 회견은 마침내 실현되었다. 이는 이갑, 최석하의 권유도 있었지만 도산도 이토 만나 그 인물됨과 정견 알아보고 싶었던 것이다. 훗날 도산의 이토와 회견한 기억은 이러하다.

'이토는 교묘 말로 일본의 동양제패의 야심 표현하였다. 자기 평생에 이상이 셋 있는데, 하나는 일본을 열강에 견줄만한 현대국가 만드는 것이요, 둘째는 한국을, 셋째는 청나라를 그리하는 것이라 하였다. 또 일본은 거의 목적 이루었으나 일본만으로 서양세력에 대적할 수 없으니 한국과 청나라가 일본만한 국가 되도록 선린하여야 된다는 것이다. 그러므로 자기는 지금

한국 재건에 전력하고 있지만, 이 완성되면 청나라로 가겠다는 것이다.'

 말 마친 이토는 넌지시 도산의 손 잡으며 "그대는 나와 함께 이 대업 경영 아니 하겠는가?"고 물었다. 그리고 도산에는 자신이 청나라 들어갈 때 같이 가자고 하였다. 삼국 정치가가 힘 합쳐 동양 평화 확립하자고 음흉히 말하였던 것이다. 이에 도산은 대답하였다.

 "삼국 친선이 동양 평화의 기초라는데 동감이다. 또 그대가 그대의 조국인 일본 혁신한 것 치하한다. 또 귀국과 같이 한국 사랑하여 한국 도우려는 호의에 감사한다. 그러나 그대가 한국 가장 잘 돕는 방법은 따로 있다. 그것은 일본인이 일본 잘 혁신한 것처럼 한국인이 한국 혁신케 해야 한다. 만일 미국인이 명치유신 하려했다면 아마 그 혁신은 실패했을 것이다.
 그런데 일본이 한국과 청국에 인심 잃은 것은 큰 불행이다. 이는 일본의 불행이요, 또한 세 나라 모두에 불행이다. 이는 막으려는 서양세력에 오히려 쳐들어오도록 유인하는 꼴 되는 것이다. 일본에 압박받은 한인은 영국·미국·러시아에 도움 구할 것 아니겠는가? 일본의 강성 아니 바라는 열강들은 결국 한국의 손 들어줄 것이다. 그리하여 일본은 여러 강국의 적 되고 동양 민족에 적 될 것이다."

"그대가 만일 사이좋은 이웃 나라의 손님으로 한양에 왔다면 나는 매일 방문하여 선배로, 선생님으로 그대 섬기겠다. 그러나 그대는 한국 억압하여 다스리러 온 외국인이니 나는 그대와 친근하기 꺼린다.

한국의 독립 누차 보장하고 청·일, 러·일 양 전쟁도 한국의 독립 위함이라 했던 일본에 한인은 얼마나 감사, 신뢰하였던가? 그러나 전승국 일본이 몸소 한국의 독립 무시할 때에 한국인은 얼마나 일본에 원수로 여기겠는가? 지금 상황이면 한인은 일본에 협력 아니 할 것이다. 또 그대가 청나라 도울 것 말하나 그것은 한국이 독립 회복된 뒤에 하라. 청나라 4억 민중은 일본이 한국과 보호관계 맺은 일 알게 되면 결코 일본 아니 믿을 것이다. 삼국의 평화 위해 이 같은 불행 사태가 그대 같은 대정치가의 손으로 해결되기 바란다."

도산은 이토와 면회 후 목전의 정치운동이 무의미, 무 효과임 더욱 느꼈다. 심히 삼가는 이토의 말에서 도산은 두 가지의 사실 발견했다.

'하나는, 일본의 굳은 의지는 한국 내놓지 않겠다는 것이요,

또 하나는, 현재 한국 정치가 중에는 이토와 겨룰만한 인물이 없다는 것이다. 이토는 그 탁월 식견과 수완 외에도 전승국 일본의 무력도 그 배경으로 갖고 있지 아니한가? 이토와 협력한다면 곧 그 손아귀에 잡혀 들어가는 결과 낳을 것이다.'

  도산은 이갑, 최석하 등 이토 이용하자는 자들에 그것은 불가능하며 잘못하면 이토에 역이용 당해 일진회의 전철 밟을 것이라고 경고하였다. (일진회 : 일본의 한국 병탄정책에 앞장선 친일단체로 총회장은 이용구)

  도산은 일단 미국에서 품고 온 계획대로 신민회와 청년학우회의 조직에 착수하였다. 그리고 우선 동지 구하였다. 거기에는 두 가지 조건이 있었는데 하나는 믿을 만한 사람, 또 하나는 각도에서 골고루 뽑는 것이다. 이는 우리나라에서 본래 여러 악습 되어 버린 지방색 예방 차원이었다. 이리하여 구한 동지가 이동녕, 이회영, 전덕기, 이동휘, 최광옥, 이승훈, 안태국, 김동원, 이덕환, 김구, 이갑, 유동열, 유동주, 양기탁 등이었다.

  신민회는 이러한 동지 기초로 조직되니 그 목적은 첫째, 국민에 민족의식과 독립사상 고취할 것. 둘째, 동지 모집·단합하여 국민운동 역량 축적할 것. 셋째, 전국 각지에 교육기간 설치하여 청소년 교육 진흥할 것. 넷째, 각종 상공업 기관 만들어 단체의 재정과 국민의 부력 증진할 것 등이었다.

신민회는 비밀결사로서 각 도에 한 사람씩 책임자 두고 그 밑에는 군 책임자가 있어 종으로 연락되고, 횡으로는 서로 모르게 하였다. 입회 절차는 심히 엄중하여 믿을만한 사람, 애국 헌신할 사람, 단결할 사람 등으로써, 지원한다 하여 다 받는 것이 아니었다. 그러므로 회가 조직되고 몇 년 지나도록 그 친지까지도 그 회원 여부 몰랐던 것이다. 신민회원은 비밀 엄수 강조되었다.

신민회의 존재 소문나고 일본 경찰이 이 의심하게 된 것은 합병 후였으니, 이 단결이 얼마나 비밀 엄수 되었는지 짐작할 수 있다. 데라우치 총독의 암살 음모 사건으로 7백여 명의 혐의자가 경무총감 아키라이시 모토지로의 명령으로 검거될 적에야 비로소 세상이 신민회 주목한 것이다.

신민회의 활동은 중부와 남부에서 미약하고 경기 이북, 특히 황해도와 평양에서 많은 회원 두었으니. 이는 신사상이 그때 기독교회와 함께 경기 이북에서 활발하였고, 충청 이남은 덜했기 때문이다. 신민회는 그 자체는 비밀결사였으나 사업은 공개하였는 바, 평양 대성학교, 평양 마산동 자기(磁器)회사, 평양, 경성, 대구의 태극서관과 여관 등이었다.(평양 대성학교는 당시 유지 김진후가 낸 2만원으로 설립되었다.)

 평양 대성학교는 제1의 모범적 표본학교로 계획되었다. 이 완성하여 그 모형대로 각 도에 대성학교 세우고 거기서 교육한 인재로 도내 각 군의 초등학교 지도하자는 것이니, 당시 평양 대성학교는 첫째, 민족운동 할 인재 양성, 둘째, 국민 교육할 스승 양성 목적이었다.
 도산은 평양 대성학교의 무명 직원으로서 교장 대리 같은 직무 수행하였다. 이는 도산이 무엇에든 표면에나, 선두에 안 나서는 자신의 방침에서 나온 것으로, 실제는 도산이 대성학교의 교장이요 책임자였다.

 도산은 대성학교 진흥에 전력하고, 생도 교육뿐 아니라 교원들도 동지의로 굳게 결속되게 하였다. 그의 인격적 감화력이 어떠했는지는 잠시라도 대성학교의 생도였던 자라면 누구든 도산 추앙하게 되는 것과 도산 같은 사람이 되어버린다는 것으로 추측할 수 있을 것이다.
 대성학교의 생도는 창립 1주년도 되기 전에 이미 평양 시민에 경애 받게 되고, 또 휴가 얻어 각 향리에 돌아가면 대 선생의 가르침 받은 인재라 하여 존경과 부러움 받았다. 이 때문에 멀리 함북과 경남에서까지 대성학교 찾았고, 신설되는 학교는 대성학교를 그 표본으로 삼았다.

도산의 교육방침은 건전 인격가진 애국 국민의 양성이었다. 도산의 건전 인격이란 무엇인가? 성실 말함이다. 거짓말 없고 속이는 행실 없는 것이다. 생도의 가장 큰 죄는 거짓말과 속이는 행실이었다. 이에는 추호도 가차 없었다.

"죽더라도 거짓 없으라."

이것이 생도들에 요구하는 기본 덕목이었다. 약속 지키는 것, 집합시간 지키는 것이 모두 성실공부요, 약속 어기는 것, 시간 안 지키는 것은 거짓된 것이라고 하였다. 수업시간 5분 전에 자리에 착석할 것이며, 회에서 정시되면 개회선언 없이 자동 개회되었다. 그처럼 시간엄수는 주요 훈련 중 하나였다.
　학과 시간에는 학과만 생각하는 것이 성실이었다. 다른 생각, 일 하는 것은 허위였다. 생도들은 똑바로 자세하고 그들의 눈은 선생에 집중하였다. 회에서의 태도도 마찬가지였다.
　도산은 유명무실의 습관이 조국 쇠퇴시킨 원수라고 하였다. 또한 국민이 거짓 없이 참된 인격으로 성실 국민 되는 것 말고는 나라 갱신시킬 방법 없다며 기회 있을 때마다 학도들에 타일렀다.

"행할 때는 행에 전심하고, 정(靜)할 때는 정에 그리 하라. 둔

하고 어정쩡한 태도로는 애국자가 못된다. 나라 대신이라는 게 그 이름뿐이요, 다른 일 하므로 나라가 이 모양 되었다."

"농담이라도 거짓말 말아라. 꿈에서라도 성실 잃었거든 참회하라. 오직 성실만이 거짓으로 쇠한 국력 회복하는 길이다. 국민 각자가 주위에 신뢰받는 자 됨으로써 우리 민족이 만국에 신뢰 받는 민족 되는 것이다."

도산은 까다로운 학칙 아니 두었다. 법이 번다하면 지키기 어렵기 때문이다. 그러나 한번 정한 법은 엄수토록 하였다. 그러므로 도산은 학생들이 회 조직할 때, 입법에 신중하여 지킬 수 있는 한도 넘기지 말 것 강조하였다. 또한 법이 지나치거나 복잡하면 오래 못가는 원인 된다는 것도 지적하였다. 그리고 냉혹한 법집행 강조하였다.

"준법이야말로 국민의 제1조건이요 의무이다. 이미 법일진대 지키는데 대소와 경중 없고, 상하와 귀천 없다. 학교 규칙이나 회의 규약이나 기숙사 예칙이나 모두 법이다. 단체 생활은 곧 법 생활이다."

"국가란 법위에 선 것이다. 법이 해이하면 단체도 해이해진다. 범법자가 있거든 단호히 그 정한대로 처리할 것이요, 관용하거나 사정 봐선 안 되니 법집행은 냉혹할 것이다. 또 법과 애정이 혼동되면 기강이 해이해진다. 한 사람에 사정 두면 법이 위신 잃고, 법이 위신 잃으면 그 단체는 그 목적 잃어버리고 만다."

도산은 우리 민족에 법 존중하는 덕이 부족하다고 느낀 것이다. 조선 말에 소위 세도가 생기고 매관매직의 탐관오리가 횡행하자 국민은 법 미워하고 그 벗어날 궁리하여서 법 존중심이 희박해진 것이었다.

도산은 법 존중심 강조하면서도 긴장 풀고 유쾌히 담소, 오락하는 시간도 정기적 둘 것 강조하였다. 도산은 스스로 노래하고 우스꽝스런 흉내 내어 남 웃기기도 하였다. 학생들에도 자신 드러내어 어엿이 제 장기 보일 것 권하였다. 특히 도산은 노래하기 장려하였는데, 손수 많은 노래 지어 학생들에 그 부르게 하였다. 도산은 자연경치, 음악, 미술 사랑하는 것이 인격과 품성 높이는데 큰 도움 된다고 하였다.

도산은 대성학교 완성 중에 제1회 졸업도 못 본채 망명 길 떠났거니와, 그 짧은 기간에 청년들에 미친 감화는 말할 수 없이 컸다. 남강 이승훈이 오산학교 세운 것도, 함북에 경성중교가 선 것도, 그 밖에 서북지방에 많은 사립학교가 설립된 것은 순전히 도산과 대성학교의 공이 컸다.

남강 이승훈은 상인이었다. 그는 평안도 친구 오치은의 자본으로 평양, 인천 등지에서 상업하여 거상으로 성장하였다. 그는 재산은 얻었으나 문벌 낮은 것 한탄하여 금력으로 양반집과 혼인하고 그의 자손 위해 경서 준비하고 고향에 서당 설립하여 어찌 해서라도 자기 자손에 상놈 천대 면하고 양반행세 하게 하고자 결심하였다.

그는 집안이 함께 양반되어야 한다며 일가를 고향인 정주군 오산면으로 모았고, 천한 직업으로 여겨졌던 상업은 버리고, 농사지으며 자제 교육시키려고 자신의 주택과 시문 욀 서당 건축하고 있었다. 남강이 보기에 양반 촌에는 접객하는 사랑방과 시문 외거나 읊는 서재가 있었기 때문이다.

그 중에 남강은 평양에서 도산의 연설 중 "나라가 없고서 일가와 일신 있을 수 없고, 민족이 천대 받는 때에 나 혼자 영광 누릴 수 없소." 하는 연설 듣고 그는 도산과 면회하여 도산의 민족론, 교육론에 공감, 그날로 상투 자르고 고향으로 돌아와서 주택과 서재 공사 중지하고 그 재목과 자금을 오산학교에 썼다. 이것이 오산학교 기원이다.

마산동 자기(磁器)회사는 이승훈이 세운 회사였다. 평양은 고려자기 발상지이다.

그때 한국은 이미 거의 일본의 독점시장 되어서 일본인들은 자신들의 제품 지고 홍수같이 반도로 밀려들어왔다. 도산은 한국 경제의 파탄 막을 길은 자작이라고 생각하였다. 그 중에도 공업진흥은 한국의 생명선이라고 보았다. 그는 신민회 동지들에 조국 살릴 길은 정치뿐 아니라 경제력이란 것 역설하였다. 도산은 여러 연설에서 산업진흥이 곧 애국이요 구국임 말하고 경제적 침략이야말로 군사적 침략보다 더 무서운 것이라고 강조하였다. 도산은 부자 친구도 소중히 여겼다. 그것은 부자가 학교도, 산업도 일으킬 수 있기 때문이다. 오치은은 도산과 협력한 부자 동지 중 하나였다.

회사는 그때 아직 드물었다. 다수인이 대자본 만들어서 대규모 상공업 경영한다는 개념이 없었다. 마산동 자기회사는 아마도 민간 최초 주식회사였다. 부자는 제 자본 가지고 제가 경영하거나 자신이 신임하는 자에 자본 주어서 경영하는 것밖에 몰랐다. 이것은 기업운영 지식이 없는 이유도 있었지만 신용 박약 때문이었다. 도산은 우리나라 산업 진흥에도 거짓말 않기 운동, 신의 지키기 운동이 기본 되어야 한다고 생각하였다. 다행이 이승훈이 평양 상업계에서 신용으로 성공하였기에 마산동 회사가 설립된 것이다.

도산은 평양의 대성학교 완성과 그 성과로 전국에 자극 주려 한 것처럼 마산동 자기회사로서 전국에 산업운동의 본보기 삼으려 하였다. 도산은 '본보기' 중요시하였다. 아무리 좋은 이론도 그 실천으로 '본보기' 못 이루면 널리 퍼질 방도는 없다고 보았다.

"학교 교육에 천 마디 말보다 한 본보기 학교가 요긴하니, 사람들은 그 모방하려는 것이다. 새 이론 내는 것도 천재적 독창력 요하지만, 어떤 이론 응용하여 구체적 실행하는 것도 천재적이어야 한다. 어떤 훌륭 이론이 있더라도 그 현실화하는 인물이 안 나오기 때문에 그 이론은 이론대로 묶여 버리고 마는 것이다. 그러나 한번 좋은 본보기가 생기면 그 모방하려는 자는 언제든 생기는 것이니 이 때는 다만 성심 있는 인물이면 충분한 것이다."

도산은 평양 대성학교를 우리가 바라는 좋은 학교로 만들어 놓기만 하면 같은 학교가 많이 생기고, 또한 마산동 자기회사가 잘 운영되면 전국에 그런 회사가 많이 생기리라고 하였다. 도산은 인격수련에도 이 본보기 생각 갖고 있었다. 우리 중 하나가 거짓 없으면 거짓 없는 사람이 많이 생긴다고 하였다.

"나 하나 건전 인격 만드는 것이 우리 민족 건전히 하는 유일 길이다. 나 하나만은 내 말 듣지 않느냐? 내 말 듣는 나를 내 사람으로 만들어야 한다. 그러면 나는 잠자코 있어도 남이 나 본받을 것이다."

도산은 출판사업도 중시하였다. 도산은 "시공간 제약 없이 어떤 사상이나 지식 널리 전하는 것은 도서이니, 우리의 민족정신과 문화 향상시키려면 출판사업은 무엇보다 중요하다"고 하였다. 한편, 태극서관은 서적 발행, 보급하는 곳이었지만 그보다 태극서관의 사명은 민중에 건전 출판물의 제공 위함이었다. 도산은 말하였다.

"민중의 저급 기호에 편승하여 그 품격 타락시키는 서적이나 국민 잘못 이끄는 사상 침투시키는 출판물은 회복 어려운 해독 주는 것이니, 출판사업은 마땅히 영리적 이해에서 초월하여 국가와 민족의 격 높이는 견지라야 한다."

"책방은 학교다. 책은 교사다. 그런데 책방은 더 무서운 학교요, 책은 더 무서운 교사다."

도산은 이런 견지에서 우선 평양, 경성, 대구에 태극서관 세웠는데, 우리 민족에 건전 서적 공급하는 모범기관 되기 바랐다. 그리고 이 사업 중심인물은 안태국이었다.

도산은 서적과 출판물을 민족문화 향상과 민력 발휘시키는 주요 근원으로 보기에, 문사(文士) 존중하였다. 그는 좋은 문사가 민족 힘에 크게 기여한다고 믿었다. 그가 후에 흥사단(興士團)이란 수양단체 조직한 이유도 유길준의 흥사단 답습하면서도 사 양성단체라는 뜻이다. 사(士)란 천하의 국가 위해 살고 일신의 이해, 고락, 영욕 초월한 사람 일컬음이니 이에는 문사와 무사가 있다. 국가는 이 양사로 수호, 발전된다는 것이다.

도산이 생각하는 사는 문무만 업 삼으며 기득권 속 무사안일이나 바라는 종래의 계급적 사류와 달랐다. 그에는 나라의 이익과 백성의 복 염두하는 선공후사 자라면 농·공·상 모두 사류였다. 그가 신민회원으로 모으려는 자는 이런 사류였다.

한편, 순수 사류는 문사와 무사이다. 그들은 선공후사만으로 만족 아니 하고 지공무사(至公無私, 지극히 공평하고 사사로움 없음)에 목표 두기 때문이다. 이 위해 문사는 일필(一筆)로, 무사는 일검(一劍)으로 목숨 버리는 자들인 것이다.

당시 우리나라의 문사로는 신문, 잡지 등 집필하는 황성신문에 유근, 박은식, 장지연과 대한매일신보에 양기탁, 신채호와 제국신문에 최영년 등이 있었다. 이들은 모두 한문학 선비로서 박지원의 열하일기, 유길준의 서유견문, 청국 양계초의 음영실문집에서 세계 흐름과 신사상 흡수한 자들이었으나, 이들은 주로 세계의 큰 흐름에 뒤떨어져 있는 집권 관료의 양반배 공격하였다.

  최광옥은 아직 청년이었으나 기독교인으로서 품행 깨끗한 애국지사요, 또 국어 연구하여 우리나라에서 처음 문법서 제작하였으며 글재주, 말재주도 있었는데, 그는 도산의 민족 향상론 전폭 지지하였다. 이에 도산은 최광옥을 청년학우회의 모범으로 삼으려 하였다. 청년학우회는 도산이 신민회나 대성학교의 완성 이상으로 민족 향상시키는 주요 방편으로 생각했던 사업이었다.

  신민회는 구습 고치고 새 국민성 조성한다는 데서 개인 수양의 측면도 있었다. 그러나 기성 인물의 자아혁신이란 쉬운 일 아니었다. 일류명사 자처 자들을 양심의 법정에 자신을 피고로 세워두고 냉혹하고 날카롭게 반성, 비판하고, 어린 아이처럼 겸허히 재출발 도모하는 것은 여간 현인·군자 아니고는 힘든 일이었다. 그들의 안중에는 이해나 의욕이 앞서기 때문에 자아혁신의 도덕적 수련이란 흥미 끌지 못한다. 하물며 반성과 변화의 기풍 쇠잔한 대개의 양반 세력에서는 더욱 그러한 것이었다.

  진정 민족의 향상은 국민 각인의, 그 중에서도 지도자층의 자기 개조 아니고는 달하기 어려운 것이다. 이 때문에 역사적으로 보더라도 한번 쇠하기 시작한 민족은 멸망의 구렁에서 쉬 못 헤어나는 것이다.

도산은 민족의 흥망이 국가의 정치적 독립보다 중요하다고 생각하였다. 백성의 기운이 흥하면 국가의 독립과 창성은 필연적·자동적 따라온다고 보았다. 그런데 우리 민족의 현 상태로는 비약 가망은 묘연하였다. 그러므로 민족혁명운동이 시급한 것이었다. 이를테면 우리 민족을 도덕적·지식적·경제적 영국 국민의 수준으로 끌어올리면 우리나라도 영국만큼 된다는 것이니, 민족 역량은 요만한 채로 국가 영광은 저만하자는 것은 억지라는 것이다.

  그리고 어찌해서라도 우리 민족의 품격과 역량 향상시켜야 하고, 그도 급박한 시대 상황 따라 급속히 해야 된다는 것이다. 신민회도 이 때문에 생긴 것이지만, 우선 아직 구습에 물 안든 뜻과 열정 있는 청년학도 결합하여 일대 수양운동으로 민족향상운동 일으키려는 것이 합병 전 해에 발기된 청년학우회였다.

  청년학우회는 무실(務實), 역행(力行), 충의(忠義), 용감(勇敢)의 4대 주의(主義) 정신으로 인격 수양하고 단체생활 훈련에 힘쓰며, 한 가지 이상의 전문 학술, 기예 학습하고 평생 동안 매일 덕(德), 체(體), 지(智)의 3육성 행하여 건전 인격자 되자는 것이다.

  그런데 이때는 통감정치한 지도 수년 되었기에 일본 경찰망이 한국인 감시하여 조금의 배일 색채라도 보이면 탄압하던 때

여서 모든 단체가 조심하던 때요 또 무슨 집회거나 결사가 다 내부대신의 허가 얻어야 할 때였다. 그때 청년학우회는 정치성 없다 하여 내부대신에 승인 얻은 것이었다.

　사실 청년학우회는 비정치적 결사일뿐더러 또 정치적이면 안 된다고 도산은 역설하였으나 당국은 물론, 동지들 중에도 이 비정치성 안 믿고 그것은 일종의 공산주의자 모임일 거라고 생각하였다. 그때 국내에서는 일본 의구하여 국가의 운명 관한 의식이 매우 민감했기 때문에 무슨 행동이든 정치성 아니 띠기 어려웠고 또 도산이 아무리 자기는 정치에 아니 관여한다고 변명하고 또 평양 대성학교 칩거로 외부와 접촉 아니 했을지라도 당국이나 온 나라 사람은 모두 그에 정치가요 혁명가로 주목하고 있었다. 그 때문에 도산은 이 청년학우회 운동과 대성학교 육성에 지장될 것 두려워하여 대중연설도 피하고 서울 오는 것도 미루고 있었다.

　도산은 민족향상운동은 도덕운동이지 정치운동 아니라고 결연히 구분하였다. 이는 단지 당시 일본의 억압 회피하기 위함 아니었다. 우리나라가 완전 독립된 뒤에라도 민족운동은 정치성 띠어선 안 된다는 것이다. 도산의 이 의견은 민족운동으로서 중요 의미 가지는 것이다.

　내적 이유는 민족향상운동자가 정치적 야심 갖게 되면 그 운동을 정치에 이용할 걱정 있고, 또 도덕적 민족향상운동 가치를 정치보다 아래로 떨어뜨릴 근심 있는 것이다. 그에게 민족향상운동은 정치나 그 외의 무엇보다 더 중한 것이었다. 그리하여 그는 말하였다.

"우리 민족은 이 민족향상운동 아니고는 심하면 멸망하고, 적어도 금일의 곤궁 형편 못 탈출할 것이다. 어떤 정치라도 고양 아니 된 민족으로는 좋은 국가 지을 수 없는 것이다."

"망국하던 민족이 그대로 흥하기 바라는 것은 썩은 재목으로 새 집 만들어 세우려는 것과 마찬가지이다. 민족향상운동은 인(因)이요, 정치는 과(果)다. 또한 민족향상운동은 구원한 것이요, 정치운동은 일시적인 것이다."

"정치가 민족향상운동을 원조 촉진할 수 있어도, 정치 스스로는 민족향상운동일 수 없는 것이니, 민족향상운동은 정치가의 권세 아닌, 도덕가나 지사가 오직 헌신적·종교적 노력으로 할 일이다."

당시, 조국의 부강 바라는 점은 누구나 같았다. 다만 다른 점은 다른 동지들은 혁명이나 정치운동으로 당장 부강 조국 이루자는 것이나, 도산은 민족의 품격이나 역량 향상은 혁명이나 정치에서도 그 어머니 되니, 부강 조국의 도달 길에는 이 향상 관문 통과 아니 하고는 지름길이 없다는 것이다.

도산은 민족의 영원 생명과 그 흥망성쇠 염두하기에 그는 일시적 정치의 오르내림보다 민족의 항구적 운명에 더 관심 두는 것이다. 이것이 내적 이유로 민족향상운동은 정치성 띠면 안 된다는 이유였다. 외적 이유로는 원래 정치세력이란 늘 부침 있기에, 정권은 갑에서 을로 이동되는 것이니, 정권에 의지하는 자나 거기 관련자도 그 세력과 함께 이동된다는 것이다. 그러므로 영구해야할 사업은 정치권 외에서 초연할 필요 있다는 것이다.

청년학우회는 이러한 민족향상운동의 근원될 사업이기 때문에 그 생명은 민족과 같이 가야할 성질이란 것이다. 이 단결 속 수련된 인물이 문사, 정치가, 군인, 사업가도 되려니와 이 수양기관 자체는 비정치적이어야 한다는 것이다. 이 원칙은 후일 흥사단 조직에도 해당된다. 역사 보더라도 불교나 예수교가 정권과 유착되었을 때 국가가 퇴락된 예는 수없이 많은 것이다. 아무려나 목적적 민족의 질 향상하자는 이 운동은 우리나라만 아닌 세계사에도 유례없는 것이니, 굳이 그 비슷 예 든다면 옛날 프러시아의 도덕연맹(tugend bund)일 것이다.

옛날 아테네에서 소크라테스가 그의 조국 아테네 구하려 청년과 문답식 대화로 궤변 타파하고, 일생 바쳐 진과 선 주장하여, 그것이 소크라테스의 지행합일(知行合一) 철학 이루었으나 그는 단결이란 방편 사용 아니 했기에 그의 죽음이 곧 그 운동의 죽음 되어 조국 구제의 목적 달성 못한 것이다. 소크라테스는 결코 철학 지으려고 철학한 것 아니요, 조국 구하려 한 노력이 철학 된 것이었다.

도산은 이런 큰 포부로 민족의 영원 번창과 영광 염원하면서 반드시 이루어진다는 신념으로 청년학우회운동 시작한 것이다. 도산은 우선 경성, 개성, 대구, 평양, 오산, 의주 등 중학교 있는 지역에 청년학우회 만들었다. 중앙에는 연합회 둘 계획이었다. 그러나 합병의 비운으로 모든 결사와 신문이 해산되매 청년학우회도 발기위원회인 채 해산되고 말았다.

이것은 수년 후에 북미에서 흥사단으로 계승되었고, 국내에선 수양동우회의 명칭으로 십 수 년 활동되다가 일본의 미나미 지로 총독시대에 동우회 사건으로 일망타진되며 해산명령 받았고, 도산은 이 사건으로 수감 중 병사하게 된 것이다.

4
/
망
명

일본의 한국 병탄 의도는 점점 명백해지고 그 압력은 날로 심해져 갔다. 광무제가 1907년 헤이그 평화회의에 이상설, 이준, 이위종 등 밀사 보내어 일본의 한국보호권 설정은 일본의 무력 협박 때문이요, 한국 황제의 뜻 아님을 루스벨트 미국 대통령 이하 각국 대표에 선전하고 회의 참석 요구하다가 거절되자 이준이 할복 자살한, 소위 밀사사건 이유로 일본의 외무대신 임훈(林薰)이 직접 서울에 와서 광무제에 황태자로의 양위할 것 강요하였고, 추가로 징병령 실시까지라며 한국군대 해산한 것은 합병 다음가는 비극이었다. 서울에서는 해산당한 군대와 민중이 시위 반항하였는데 이미 일본 수중에 들어간 한국 경찰과 일본 군대의 탄압으로 수많은 사람이 피 흘렸고, 의병은 각지에서 봉기하였는데, 일본군에 진정될 때까지 3만 명이나 전사하였다.

그러나 조정에는 인물이 없을뿐더러 이른바 칠적이라는 친일파가 발호하여 송병준같은 자는 광무제에 일본에 가서 사죄하고 하세가와 일본군 사령관에도 사죄하라고 하였다. 이병무, 조중응같은 자는 황제 앞에서 칼 빼거나 전화선 끊으며 일본 요구에 응하라고 협박하였다.

김윤식, 민영소 등 원로들은 일본 위엄에 눌려 문 닫고 밖에 아니 나오거나 병칭하여 스스로 입 봉하려 하였고 혹시 어전에 불리어 의사 표시할 경우는 '불가불가'의 궤변 늘어놓았다. 이 것은 모 원로가 보호조약 때 쓴 문구로써 '불가하다, 불가하다' 라는 강한 반대의사로도 해석되고 '부득이' 라고도 해석되기 때문이다. 일본 사신이 황제에 의사 물으면 황제는 대신과 원로에 대답 미루었고 대신과 원로에 물으면 그들은 황제에 그 대답 미루어 버렸다. 아무도 책임지려는 자가 없었는데, 일본에 미움 받을까 무서웠고 국민에 누명쓰기도 무서웠다. 다만, 어찌해서든 일신, 일가의 위험은 벗으면서도 기존 권력은 유지하려는 것이었다.

민간지사들은 어찌하였는가? 그들은 단결도 다른 힘도 없었다. 그들이 할 수 있는 것은 개인으로 도끼 메고 상소하거나 순국 자살하는 일뿐이었다. 이는 국민에 도의적 애국심은 자극할 수 있을 지라도 그로 대세 움직일 수는 없는 것이다. 그 밖의 일은 대관 암살하는 것이었다. 군대해산에 동의한 군부대신 이병무는 자기 침실에서 암살당하였다. 그러나 그러한 것으로는 군대해산 막을 수 없는 것이었다.

1909년 가을, 안중근은 나라의 원수 이토 히로부미를 하얼빈 정거장에서 쏘아 죽이며 세계 놀라게 하였다. 그러나 이도 대세 전환시킬 수 없었다. 그 전에 그는 수백 명의 의병 거느리고 두만강 건너 국내에 쳐들어 왔었다. 2천만이 적극 응하기만

하면 이것으로 정면 대항하자는 것이었다. 그러나 2천만 국민은 불행히 아무도 응할 준비도 역량도 안 되어 있어서 안중근은 일본군에 패하여 겨우 두 명의 수하 데리고 도망하였다. 이에, 그는 대거 항전할 시기 아님 한탄하고 단신 항전으로 노선 바꾼 것이었다.

1907년 정미조약 이후에는 해산 전의 한국 군대보다 수배되는 일본군이 국내 각지에 수비대로 배치되었고, 헌병과 경찰은 물샐틈없이 경계망 펴놓았다. 그야말로 꼼짝할 수 없게 된 것이다. 언론기관도 엄중 검열되어 오직 영국인 베델의 '대한매일신보'와 영문 '서울프레스'만이 자유로웠다.

  국가의 앞길은 암담하였고 의병의 비극은 참담하였다. 이에 청년 지사들은 어찌할 도리 없음 한탄하면서 사발가 등 노래 부르며 비분강개 발산하였다.

  사발가는 이러하다.

'석탄 백탄 타는 데는 연기 펄펄 나건만,
 요내 간장 타는 데는 연기도 불길도 아니 난다.'

당시 일본 군벌의 최대 적은 이토 히로부미였다. 그런데 온건파 이토 히로부미가 안중근에 죽자, 군벌 거두 가쓰라 다로 일본수상은 좋아하며 육군 대신이요 군벌 거두인 데라우치 마사다케를 한국 통감으로, 아마카다 이자부로를 부통감으로, 육군 소장 아키라이시 모토지로를 경무총감으로 하여 한국에 파견하였는데, 경술년(1910) 7월이었다. 볼 줄 아는 사람이라면 이것이 일본의 한국 강압정책의 준비인 것 알 수 있을 것이다.

아키라이시 모토지로는 서울 부임 즉시 한국의 명사 초청하여 그 의향 타진하고, 다수의 밀정 놓아서 민간 유지들의 움직임 염탐하였다. 그리고 친일파·배일파의 명부 만들어 7월 하순경에 벌써 민간에 헌병 단속 시작하였으니, 안창호는 개성 헌병대에, 이갑, 이동휘, 유동열 등은 용산 헌병대에 유치되었다. 아키라이시 판단으로는 서북인, 그 중에도 군대출신이면서 안창호 일파인 자들의 탄압이 필요하다고 본 것이다.

도산이 개성 헌병대에 수감되자 남녀 학생들은 밤에 헌병대 주위에서 애국가, 기타 도산이 지은 창가 부르거나, 전화로 도산에 창가 들려준 여학생도 있었다.

이동휘는 함남 단천 사람으로 군대해산 당시 육군 참령으로 강화 진위대의 대대장이었다. 군대 해산 후 그는 개성 등 각지 유세하며 학교설립 권장하였는데, 2~3년 내에 1백여 학교가 세워졌다. 그의 열변은 연설로나 좌담으로나 사람 움직였는데, 안창호와는 형제처럼 지냈으며 이갑과는 절친이었다. 그는 경무총감부에 잡혔을 때 심문관에 다음과 같이 호령하였다.

"너희가 같은 동양인으로서 우리 한국에 이런 불법무도 행하면 서양인이 너희 등 채찍질한 그 자리에서 구더기 파내는 꼴이 생길 것이고. 나는 꼭 그 꼴 볼 것이다!"

최석하는 이때 밖에서 운동하였는데, 그는 도쿄 메이지대학 법과 출신으로 일본말에 능하고 또 러일전쟁 때 통역으로 종군한 일 있었으며 외교 재능도 있어서 이토 통감시대 이래 일본 측과 교섭해 온 인물이었다.

데라우치는 최석하에 일본의 본의는 한국의 독립 존중하여 사이좋은 이웃 만드는데 있지만 한국 황제와 정부가 매양 일본과의 언약 어기고 제3국과 음모 일삼으며 또 한국의 내정도 전혀 개선 안 되니, 이리 되면 필시 제3국이 간섭하여 일본과 동양에 화 미칠 것 염려하므로 일본으로서는 중대 결의 아니 할 수 없거니와, 만일 한국이 신의로 일본과의 조약 이행한다면 다행이겠지만 안창호에 내각 조직케 하여 일본과 협력함이 어떠냐고 하였다. 이에 최석하는 자기가 그대로 힘쓸 테니 헌병대에 구금되어 있는 안창호 등의 즉시 석방할 것 요구했다. 데라우치는 곧 아키라이시에 석방 명령 내리게 되었다. 그런데 이는 예정되었던 계획으로 보인다.

일본으로서도 사실 한국 합병의 단행은 상당 모험이었다. 비록 영·일 동맹이 갱신되었다지만 이는 영국의 러시아 견제 위함인 것 모를 리 없고, 또 비록 러시아가 일본에 패하였으나 무너질듯하던 로마노프 제국이 다시 안정되어 태평양 진출 하려 할지 모르는 것이며, 또한 일본의 강제적 한국 합병이 중국 민심에 자극할지 모를 일이었다. 그래서 이토 히로부미 등 소위 온화파는 될 수 있으면 합병의 대죄, 대악 아니 범하고 그 실속만 채우려했던 것이다. 그런데 합병의 목적으로 왔을 데라우치는 민간 지사에 교섭 건네어보고 있는 것이다.

최석하는 원동 이갑 집에 도산 등 주요 인물 모으고 데라우치의 의향 이야기하였다. 이번 기회 놓치지 말자는 의견이 많았다. 최석하는 일본 진의가 반드시 한국 합병에 있지 않으며, 지금 잘하면 일본과 충돌 아니 하고도 국맥 보전할 수 있다는 것 역설하여, 일본 측의 최초요 최후 제안인가 싶은 민간 지사와 손잡자는 제안 거절 말자며 도산의 결의 재촉하였고, 또 이갑은 최석하와 다른 견지에서 역시 기회잡자고 주장하였다.

이갑 생각은, 어떻게든 정권 잡기만 하면 일사천리로 무단정책 써서 수구파 멸하고 정치 혁신하여 일본이 간섭할 구실 못 찾게 하면서 나라의 힘 급속히 배양하여 일본의 압제 벗자는 것이었다.

그러나 도산은 일본 제안에 응하는 것은 불가하다고 말하였다.

"먼저 데라우치가 한국에 통감으로 온 것은 일본이 이미 한국 대해 최후 결심하였고, 이제 그들은 그 실현 방책으로써, 다만 세계의 비난 적게 받고 한국 병탄하자는 것이다. 일본이 두려워하는 것은 을사와 정미조약 때처럼 폭압 병합이라고 비난 받는 일이다. 이 비난 면하려면 이 병합이 한국 민의라는 핑계 만들어야 한다.

이제 그들이 민간지사에 정권 준다는 것은 백성이 원망하는 귀족계급 아닌 국민의 존경과 신뢰받는 애국지사의 민간정권에서 주권 양여 받자는 혼담인 것이니, 우리가 그 정권 받는 것은 그 술책에 빠지는 것이고, 일본의 그 술수에 빠져 그리되면, 아무런 힘없이 정권만 잡은 우리가 무엇으로 일본 의사에 항거하는 정책 펴겠는가? 그리되면 우리는 정권 받는 날부터 바로 일본의 수족 되는 길밖에 없는 것이다."

"설사 백보 양보하여 새 민간 정부가 쓰는 혁신 정책에 일본이 어느 기간 방임한다더라도 귀족 관료는 필시 자기 주머니 속 물건으로 알아오던 정권 되찾으려 일본에 더 유리 조건으로 나라 팔아먹으려 할 것이다. 그리되면 일본은 싼값으로 물건 파는 주인에 고맙게 여겨, 결국 민간 정권 배제케 될 것이다.

만일 음모로써 음모 대하고 아부로써 아부에 대항한다면 우리 민간지사도 결국 이완용, 송병준 등과 다름없게 되는 것이다."

도산의 발언이 끝나자 '그러면 국가의 흥망이 경각인 이때 우리는 다만 수수방관만 할 것인가?' 하고 깊은 밤중의 좌석에는 비분 살기 있었다. 도산의 이론에 수긍하면서도 일전의 호기 놓치는 듯한 생각이 엄습하며, 동시에 기울어지는 나라 구할 수 없는 안타까움이 덮쳤다. 도산은 최후 단안 내렸다.

"우리 애국자에 남은 길은 오직 하나일 뿐이다. 눈물 머금고 힘 길러 장래 준비하는 것이다. 우리가 망국의 비운 당한 것은 우리에 힘없는 까닭이니 힘없어 잃은 것을 힘없는 채로 되찾을 수는 없는 것이다. 국내에 있을 자는 국내에서, 아니면 해외에서 수양, 단결, 교육, 산업 일으켜 민력 배양하는 것이 조국 회복하는 유일 길이다."

이에 만좌는 안타까움과 비장 각오가 북받쳐 함께 울었다. 그리고 우선 데라우치에 며칠 동안 고려할 여유 청한 뒤 여러 인사들은 망명 준비하였다. 안창호와 이갑은 구미에서 동포 지도와 대외 교섭일 맡고, 이동녕은 러시아의 연해주, 이동휘는 북간도, 이시영과 최석하는 서간도, 조성환은 북경, 이 모양으로 각각 해외 활동 구역 정하였고, 국내에 남아있을 이로 서울에 전덕기, 평양에 안태국, 평북에 이승훈, 황해도에 김구, 그리고 이종호는 해외 사업의 자본 마련하기로 하였다. 이종호는 보성학교, 보성관 등 교육·출판 사업 경영하고 있었고, 그의 조부는 상해 덕화은행에 거액의 예금 넣어두고 있었다.

한편, 연해주와 서·북간도에는 이미 수십만 동포가 거주하고 있었고, 을사, 정미 이래로 망명 겸한 재산·지식 있는 자들의 이주로 그 수는 급격히 늘어갔다. 그런데 이 동포 지도하여 문화와 산업 향상시켜 독립운동의 한 날개 삼아야한다는 것이다.

조성환은 중국관계 중시하였다. 조성환 자신은 북경에서 중국인사와 교제 맺고, 한편 북경으로 국내 동포 유학생 오게 하여 이들이 중국 학생들과 친우 됨으로써 장래 대비하자는 것이니, 대개 한국의 독립 문제는 중국의 협력 얻어야 해결되기 쉬울뿐더러 일본의 아시아 침략 막아야 한다는 점에서 중국인사에 동지적 협력 필요성 인식시키고 일부 공동보조하자는 것이다.

도산이 염두하는 한국 우방으로는 중국과 미국이었다. 도산은 우리나라의 독립은 오직 우리 민족의 자력에 있음 확신하면서도 국제 관계의 중요성 간과 아니 하였다. 이갑, 이동휘 등은 러시아 중시했으나 도산은 러시아 위험시했다. 러시아는 예전, 한국에 군사기지 강요도 하였거니와 러시아의 전통적 태평양 진출 기지 목표는 한반도란 것 잘 알았기 때문이다. 일본의 세력이 꺾이는 날 있다면 그때 일본 대신 한반도 짓밟으려할 자는 중국도 미국도 아니요, 러시아란 것이다. 아프가니스탄과 한국은 표트르 대제 이래 러시아 외교와 군사의 주요 목표였다. 그러므로 당장의 이해일치 편의로 러시아에 접근하면 한국에 혹독 후환 될 수 있다는 것이다.

도산은 '정치가의 짧은 소견으로 매양 일시적 이해에 현혹되면 뒷날 큰 혼란 불러올 수 있음' 경계하였고, 또 이 관점으로 이토 히로부미에 일본의 대 한국 정책도 결국 일본에 큰 후환 되리라고 설파했던 것이다.

도산은 오직 미국과 현재 상태의 중국이 한국에 탐욕 없는 친구 될 것이라고 보았다. 그러므로 이동휘, 이시영, 조성환 같은 유력자는 중국에 머물도록 하고, 도산 자신은 재미동포와 유학생 뜻 모으면서 미국과의 친교 맡고, 이갑은 그의 지론인 친러론·친독론도 있고 해서 유럽에 머물고, 이종호는 상해·청도(산둥반도)에서 재정과 연락 맡기로 한 것이다. 이처럼 조각회의가 변하여 해외 망명과 국내외 신민회 운동 등 독립운동의 활동으로 전환된 것이었다.

회의는 일단락되고 도산은 거국가의 노래 지어 남겼다. 도산은 마포에서 작은 배 타고 황해도 장연에 이르렀고 거기서 청인의 소금 배로 갈아타서 청도로 향하였다. 다른 동지들도 저마다 변장, 밀행하여 청도에서 상봉하기로 하였다. 한국 합병 수주일 전이었다. 도산의 거국가는 그 후 여러 해 동안 전국에 유행되었는데 그 가사는 이러하다.

'간다 간다 나는 간다 너 두고 나는 간다
잠시 뜻 얻었노라 까불대는 이 시운이
나의 등 밀어내서 너 떠나가게 하니
간다 한들 영 갈쏘냐 나의 사랑 한반도야.

간다 간다 나는 간다 너 두고 나는 간다
지금 너와 작별한 후 태평양 대서양 건널 때 있을 지오
시베리아 만주들로 다닐 때도 있을 지라
나의 몸은 부평같이 어느 곳 가있든 너 생각할 터이니
너도 나 생각하라 나의 사랑 한반도야.

간다 간다 나는 간다 너 두고 나는 간다
지금 이별 할 때는 빈주먹만 들고 가나
이후 성공 날엔 기 들고 올 것이니
악풍 폭우 심한 이때 부디부디 잘 있거라
훗날 다시 만나보자 나의 사랑 한반도야.'

도산은 조국의 일시적 치욕 감내하였다. 그러나 그 영광의 회복 확신하였다. 그는 이 노래 둘째 절의 가사처럼 태평양, 대서양 몇 번 건넜고 시베리아나 만주로 다녔다. 그리고 이 노래 속 맹세처럼 부평같이 떠다니면서 나라 생각하여 일하였다. 수많은 청춘들이 들에서 혹은 산에서 일본의 경찰 피해 이 노래 부르며 울었다. 또한 이 노래 읊으며 압록강, 두만강 건너 도산 뒤따랐다.
　도산은 수십 편의 노래지었지만 '동해물과 백두산이'의 애국가, 거국가, 흥사단가는 당시 인기작이었다. 흥사단가는 이러하다.

'조상 나라 빛내려고 충의 남녀 일어나서
무실역행 깃발 밑에 늠름하게 모여 드네.
부모국아 걱정마라 무실역행 정신으로
굳게 뭉친 흥사단이 네 영광 빛내리라.'

　도산이 이 나라 떠나가고 난 뒤 8월 29일에는 대한제국이 일본에 병합되어 반만년 국맥이 끊어졌다. 그때 핼리혜성의 꼬리가 지구 감아서 세상 멸한다는 뜬소문 있었고, 8월 하순에는 짙은 안개가 걷히지 않아 민심 흉흉하던 즈음 '대한제국 황제는 국토와 인민을 완전 그리고 영구히 대일본제국 황제에 양도한다.'는 최후 조서 등 사물이 전국에 나붙었다. 학교에서는 한밤 또는 새벽에 학생 비상소집하여 통곡의 예(禮) 행하고 죽기로서 광복할 것 맹세하였다.

그러나 민족운동의 주요 인물은 망명 떠났거나 경찰서, 헌병대에 감금당하였다. 이때 벌써 한국 군대는 해산된 상태였고, 경찰과 통신기관은 1905년 을사와 1907년 정미에 일본 손아귀에 들어갔으며, 민간의 칼 외 무기는 모조리 압수된 뒤라 마치 수리가 죽지 묶이고 발톱 잘린 것 같이 가슴 터질 뿐이요, 몸 눌려서 반항할 길 없었다. 대한제국은 그 선포한지 13년, 을사조약 따른 침략개시 5년 만에 맥없이 소멸된 것이다. '힘이 없었던 것이다.'

합병조약이란 무력 협박으로 쓰여진 한 조각 서면이었다. 우리 민족의 양심 승인이 없었다. 하느님의 인가도 없었다. 한국 병합은 일본 역사에 가장 큰 죄악이었다. 그들은 혈통으로는 같은 근원이요, 문화로는 스승이요, 지리적으로는 이웃인 우리나라에 마치 악랄 문명국이 미개 지역 유린하는 것 같은 죄악 저질렀다.

천리로 보아 일본은 조만간 이 죄악의 보복 받을 운명에 있다. 그러나 사욕에 눈 어두워 천리 못 보는 일본은 더 큰 죄악으로, 이미 저지른 죄악에서 수확 구하려하고 그 소화하려 하였다. 이것이 합병 36년간 일본이 한국에 저지른 모든 어리석은 노력이요, 최악의 오기였다.

일본의 한국 합병은 거의 자살행위였다. 첫째로 일본은 한국의 원망 대상 되었고, 둘째로 4억 중국인의 의구와 증오 대상 되었다. 일본이 러시아나 미국과 불화 생긴 것도 그 근본 원인은 일본의 그릇된 대 한국정책 때문이었다. 만일 일본이 한국에 큰 과오, 큰 죄악 안 저질렀다면 만주사변(1931)도, 일본의 국제연맹 탈퇴(1933) 같은 고립 불행도 없었을 것이요, 소위 중일전쟁(1937)과 태평양전쟁(1941~1945)이란 오늘의 수치도 없었을 것이었다.

그렇게 우주 조화의 인과율은 추호도 아니 어긋나고 일본 통해 우리에게 보이신 것이다. 그러나 남에 오는 인과만 보고 우리 자신의 인과에 눈 가려서는 아니 된다. 40년간 우리가 일본에서 받은 고초가 또한 우리의 죄 값임 잊어선 안 된다. 도산은 이 망국 책임은 국민 각자가 지는 것이라고 말하였다.

"조국 망하게 한 것은 이완용만이 아니다. 나도 그 책임자다. 내가 곧 그 책임자다."

"우리는 망국의 책임을 일본에, 이완용에, 양반들에, 조상에, 유림에, 민족 운동자에 돌린다. 그리고 그 책임 없는 자는 오직 나 하나 뿐인 것 같이 장담한다. 그러나 우리 민족 각 사람이 힘 있는 국민일진대 일본이 어찌 덤비며, 이완용이 어찌 매국 조약에 도장 찍을 수 있었으랴. 그러므로 우리는 이완용 책하는 죄로 우리 자신 책하여 죄하여야 한다."

"우리 민족 저마다가 망국의 책임자가 나요, 동시에 그 되찾을 책임자도 나라고 자각할 때에, 비로소 우리나라에 광복의 맥이 새로 돌게 되는 것이오."

도산은 일찍이 무슨 일 잘못된 때에 남 원망하는 일 없었다. 그가 생각하기에 원망, 책망할 사람은 오직 하나이니 그것은 나라는 것이다. 청도에서 망국의 슬픈 소식 들은 도산은 통곡하였으나 실망 아니 하였다.

"광복은 내 하기 달렸다. 내가 하면 된다."

청도에서 국내 최후 회합에서의 약속대로 몇 동지가 회의 열었다. 유동열, 이갑, 신채호, 이종호, 김지간, 조성환, 이강, 박영로, 김희선 등이었다. 그러나 이 회의 결과는 도산의 바람과 달랐다. 급진과 점진이 대립하는 것이다. 급진론이란 서북간도와 러시아령 동포의 재력과 인력 규합하여 당장 일본에 무력의 독립전쟁 일으키자는 것으로 이동휘가 그 대표주자였다.

"나라가 망한 이때 산업은 무엇이고 교육은 다 무엇이냐? 둘이 모이면 둘이 나가 죽고, 셋이 모이면 셋이 나가 싸워 죽을 것이라."

점진론이란 실력 없이 거사 일으키면 달걀로 바위 치는 격이니 성공 희망 없을뿐더러 첫째, 재외 동포의 경제력, 인명 소모하고, 둘째, 국내 동포에 일본군의 압박 더 심해져서 문화와 경제력이 더 저해될 것이니, 우선 서북간도, 러시아, 미주 등 재류 동포의 산업 진흥시키고 교육 보급시켜서 좋은 기회 왔을 때 더 큰 힘내도록 준비하자는 것이다. 이는 도산의 주장이다.

도산은 청도 회합에서 동지들에 망국의 격분 가라앉히고 급진론자들의 흥분 가라앉히려고 관광, 한담 등으로 일정 연장하려 하였으나 '지금 이러고 있을 때 아니다.'며 모두 청도 떠나 각자의 길 가려 하였다. 그러나 도산은 더 이상 동지 설복할 힘 없었다. 만일 이종호가 그의 사재 털어 도산의 주장 좇았더라면 일의 향방이 변할지도 몰랐으나 이종호도 급진론으로 기울어졌다.

회합의 결렬 조화하려 애쓴 이는 이갑이었다. 이갑은 서울에서도 언제나 조화의 능력 발휘하였었다. 그러나 그의 노력도 효과 못보고 청도 회합은 분열되어 도산과 이갑은 러시아의 수도 페테르부르크 향해 떠나고 다른 이들도 각기 목적하는 바대로 떠났다.

도산은 러시아의 수도에서 이갑과 작별하고 베를린에 잠깐 머물렀다가 영국 거쳐 미국으로 갔다. 도산이 잠시 거처하였던 베를린의 독일인 집에서는 도산 후대하여, 정거장에서 작별할 때는 그 주인 모녀가 도산에 꽃다발 주고, 안고 뺨 맞추어서 친족 같은 예로 석별하였다.

그때 독일은 신흥국 전성기로서 카이저 빌헬름 2세가 제2차 세계대전 일으키기 4년 전이었다. 도산은 신흥 독일 백성의 기운과 그들의 교육 주의하여 보았다. 1인 1기술 갖기, 1인 1직업 갖기, 근검, 정리정돈, 애국정신 등 독일 국민의 생활상은 도산에 깊은 감명 주었다. 게다가 주인집의 도타운 우정 받은 도산은 독일 국민에 복 빌면서 국경 나섰다.

도산은 뉴욕에 상륙하여 캘리포니아로 돌아가는 중 몹시 처량하였다. 나라 있어 떠났던 집에서 나라 잃고 돌아오는 몸이었다. 그리고 나라 잃고 망명하는 그가 국경 넘을 때 여행권 증명 때마다 국적이 문제 되었다. 한국 신민이라는 옛날 여행권은 가끔 말썽 일으켰다. 더군다나 일본과 동맹이던 영국에서는 '일본 신민' 선언 요구했으나 정치 망명가라는 것으로 무사히 통과되었다. 이때부터 도산은 미국에서 발행한 무여행권(Without Passport)으로 여행하게 되었다. 그것은 국적 없는 백성이란 뜻이다.

5 / 미주활동

도산은 미국의 로스앤젤레스 집에 5년 만에 돌아왔다. 거기에는 당시 부인과 2남1녀의 처자식이 있었고, 여러 친우와 동지가 반갑게 맞아주었다. 그러나 나라 붙들러 갔다가 그 잃고 돌아온 도산에 기쁨은 없었다.

도산이 본국 들어간 뒤 그 부인은 삯빨래로 생활비 벌어 자녀 길렀다. 부인은 생업 돌보지 않는 남편 좋아할 수 없었다. 남처럼 돈 벌면서 집에 있어주기 바랐다. 도산은 곧 토목공사 인부로 일했다. 그러나 그의 체력으로 오래 근육노동 할 수 없어서 그는 서양인의 주택 소제하는 인부 되었다. 이것은 총채로 털고, 비로 쓸고, 걸레로 훔치면 되는 '하우스 워크'라는 것이다.

도산 내외가 천불쯤 저축했을 때 도산은 매우 불행 기별 들었다. 추정 이갑이 러시아 수도에서 시작된 엄지손가락 마비가 전신불수 화하여 미국에 오려다가 뉴욕에서 상륙거절 당하고 시베리아로 돌아가 병으로 드러눕게 되었단 것이다.

도산은 이 소식에 몹시 안타까워하였다. 이갑은 민족운동 이론에서 도산과 꼭 일치 않았다. 이갑은 몸집 작으나 그의 몸은 오롯이 담력이었으며 성격은 호쾌했다. 그는 애국운동하는데에 민형준한테서 받은 거액 다 흩어버렸고, 미녀 끼고 화월(花月)에 취하는 풍류도 있었다. 또 그는 급진론자요, 목적 위해 수단 가리지 않는 전략적 행위도, 또 필요하면 살육도 목적 위한 수단이라고 하였다.

　이것은 도산과 맞지 않았고, 이갑이 청년학우회에 가담하려 할 때 도산은 거절하였었다. 도산은 청년학우회를 일점 비난할 것 없는 도덕적 인격자로 채우고 싶었던 것이다. 또 나아가서 도덕적 으뜸 민족과 모범 국민으로 우리나라 이루는 것이 그의 이상이었다. 적어도 우리 민족이 거짓 없고, 서로 사랑하고, 뭉치고, 부지런한 성실 국민 되게 하자는 것이고, 또 그렇게 할 수 있다고 믿었다.

　추정은 도산의 이 고상 사상에 경의 표하면서도 그는 현실에서 실제 구현하는 정치가였다. 추정은 도산의 그 좋은 두뇌와 수완으로 실제 정치에 아니 뛰어드는 것에 안타까워하였다. 도산과 추정은 반드시 그 성미 아니 맞았으나 저 잊고 나라 위해 몸 바치는 점에서 서로 존경하고 사랑하여서 변치 않은 우정 된 것이었다.

　도산은 부인과 의논하여 저축금 1천불을 이갑의 치료비로 보냈다. 내외간 곡절은 알 수 없으나 부인이 승낙한 것은 사실이다.

　도산의 돈 받은 이갑은 소리 내어 울었다 함은 나중 추정의 술회거니와 울만한 것이었다. 그러나 추정 또한 이만한 우정 받기에 충분하였다. 그가 한성 정계활동 5년간에 그의 재산은 동지의 공유재산으로 집행되었다. 누가 생계 힘들다거나 여비 없다면 그에 내주었다. 어려운 벗 있는 곳에는 그의 도움이 먼저 있었다. 추정은 나이로나 사회적 지위로나 도산의 선배이면 서도 언제나 도산 존중하고 자신은 늘 일보 뒤에 섰다. 당시 한성 정계의 중심인물이면서도 매양 그늘에서 동지 도왔다. "아까운 애국자 잃었다"고 한 것은 도산만의 한탄 아니었다. 추정은 군대해산 직전까지 육군대신 부관이었다. 도산은 추정 이갑의 쾌유 바라며 얼마동안 노동에 종사하였다.

재미 동포들은 도산 가만 둘 수 없었다. 도산은 국민회 총회장직 맡게 되었다. 이 (대한인)국민회는 다만 일개 교민 단체로 볼 성질 아니요, 실로 우리 민족운동의 주요 세력으로 우리 역사에서 대서특필할만하다.

경술년(1910) 합병 때에 재미동포는 국민회 이름으로 대회 모아 일본의 합병 대해 부인 결의하였고, 이 결의는 일본 황제가 포함된 각국 원수에 통고하여 영국에서는 동정한다는 회답까지 받았으며, 그 이래로 36년간 관·공사 포함 한국인에 'Korean'이라 통하여 왔고, 일찍이 일본 신민이라고 칭한 일도 없어서 미국 정부에서도 재미동포의 공문서는 일본 대사관·영사관 아닌 대한인국민회 통하였고, 이번 미일전쟁 중에도 국민회의 재미 한인연합회의 설득으로 재미동포에 적대국인 취급 및 재산동결 압박 면하였다

또한 제1차 세계대전 후 국민회는 워싱턴에 이승만 박사 파

견하여 한인의 존재 알리고, 제2차 세계대전 중에는 한인연합회의 명의·재력으로 중경 임시정부의 경비 부담하고, 구미 위원부 설치로 이승만을 위원장으로 두어 그 경비 부담하였으며, 8·15 이후에는 본국에 15명의 대표 파견하여 건국사업 돕게 하였다. 말하자면 미국 국민회가 36년간 끊어졌던 반만년의 종사 보존한 셈이다.

미국에 처음 입국한 한인이 누구인지 모르거니와 거기 눌러 산 사람으로는 갑신정변의 서재필일 것이다. 서재필은 김옥균, 박영효 등과 망명하여 김, 박은 일본에 머무르고, 서재필은 미국에 입적하였다. 그는 그의 삼족이 멸하매 미국 여자에 장가 들었다. 서재필은 본국에 돌아와 독립협회 조직하고, 한글로 독립신문 발간하고, 영은문 터에 독립문 짓고, 태극기와 독립문이라는 액 새기고, 모화관을 독립관 현판으로 고쳐 달고 연설회장 만들었다. 그러나 모처럼 일으킨 정치쇄신은 귀족 수구파의 반동으로 깨져버렸다. 두 번째 망명 후 서재필은 의약업으로 다소 재산 축적하였다가 기미 3·1운동 때 이승만과 국민회 활동하느라 다 소비하고 육십 노인이 다시 의학 공부하여 의술로 여생 보내고 있었다.

한인이 대량으로 미국에 입국한 것은 1903년 북아메리카 개

발회사 취업이민이었다. 이는 하와이의 농지개척 위해 노동자로 한인 데려간 것이었다. 그들은 계약 만기 전 탈주와 계약만료 후 고용 해제로 하와이 위주로 캘리포니아 주와 멀리 멕시코, 쿠바까지 살게 되었으니, 그 수는 2천 정도였다. 이들이 재미 한인사회의 근간이었다.

그런데 이보다 먼저 북미에 흘러들어간 소수 동포가 있었으니 그건 인삼장수였다. 그때는 중국인들이 하와이를 신금산, 샌프란시스코를 구금산이라 하여 많이 건너가 있었다. 이들은 남양(동남아)과 호주에 진출했다가 북미로 흘러들어온 것이었다. 그런데 중국인이 가는 데는 반드시 소수 한인이 따라가니 이는 인삼장수들이었다.

중국인, 특히 남방인은 고래로 인삼, 특히 홍삼 애용하였으며, 고려 인삼이라면 천금도 아끼지 않았다. 그 이유로 강남(양쯔강 이남)과 남양까지도 화교가 가는 곳에는 '고려인'이 따랐으니, 대개 고려인이란 중국인이 우리 민족 부르는 명칭이다. 그래서 개발회사의 이민 있기 전에 샌프란시스코 일대에 우리 동포 수백 인이 거주하고 있었던 것이다. 도산이 샌프란시스코 거리에서 목격한 싸움은 바로 이들 동포의 싸움이었다.

그리고 개발회사의 인부로 하와이에 실려 갔던 우리 동포들이 하나 둘 미국 본토로 들어가서 캘리포니아에 한국인이 날로 늘었다. 1907년 정미년, 보호조약이 강제되자 하와이에는 목사 김성권 등의 발기로 하와이 통일발기회가 생겼다. 여기서 통일이란 말은 당시 하와이에는 우리 동포가 일하는 집단농장이 36개였는데, 농장마다 일정 단체가 있었고, 이 36개 단체의 통일이란 뜻이었다. 이때 샌프란시스코에는 공립협회 외에 대동보국회가 있었다. 공립협회는 회장 정재관, 공립신문 주필은 최정익, 대동보국회 회장은 장경이었다.

그런데 하와이와 북미에는 동포단체 간에도 이렇다 할 연락 없이 지내고 있었다. 그 즈음에 1907년 미국인 스티븐슨이 일본에 유리하게, 한국에 불리하게 말한 것 분개하여 전명운, 장인환이 샌프란시스코에서 그 사살한 사건이 발생하자, 하와이 통일발기회에서는 두 의사 후원 위해 공립협회에 의연금 보냈다. 이것이 하와이와 북미 양쪽 동포 단체 간 연락 시작이었다.

1909년에 공립협회와 대동보국회가 합하고 하와이의 통일발기회 산하 합성협회가 합하여 국민회 총회가 되고, 북미, 하와이, 멕시코, 원동(러시아) 의 4곳이 지방회로서 도산이 이 총회장 맡은 것이다. 국민회 조직 의도는 외국에 있는 한인 전체의 국민회합 만들려 한 것이다.

국민회 총회장인 도산의 목표는 회원의 품격 높여 관련 나라 백성들에 존경받고, 근검저축하여 각 회원이 독립적 풍족 생계

가지며, 거주국 관민의 신뢰 얻어 동포 권익 보호할뿐더러 일본에는 한국 간섭하는 구실 못 가지게 하는 것이었다.

　재류민 대부분은 무식한 이요, 단체생활의 훈련 없어서 국민회 정책에 협력 아니 하고 그 귀찮게 여기는 자가 많았다. 또 그 약점 이용해 국민회에 반대하고 그 이간시키는 선동자도 있었다. 더구나 본국에서 새로 건너오는 지식 계급인 중에 이러한 자가 많았다. 이는 자기가 권세 가지고 싶은 것이다. 그러나 도산의 신망은 점점 더하였다.

　도산은 첫째, 회원의 부담 일정히 정하였다. 회원에는 1년에 5불의 국민 의무금만 징수하고, 수입 지출 분명히 하였다. 이전에는 의연금 명칭으로 수시로 무제한 거두었으나 도산은 그것이 회원에 불쾌감 주고, 동포가 부력 쌓는데 방해 준다고 하였다. 이제 회원은 1년에 5불만 내면 그만이었다.

　이 의무금 수입으로 도산은 1년 예산 세웠다. 수입 대비 초과 지출은 금했다. '힘닿는 만큼'이었다. 시급하다고 민중의 열정 자극하여 일시에 거액 내게 하는 것은 민심 떠나게 하고 민력 해치는 것이라 하였다. 민족사업은 장기적인 것이니 민중 흥분시켜 일시적 효과 거두는 것은 민중 기만행위라는 것이다.

　둘째, 국민회는 회원에 권익침해나 기타 곤란 있을 때 그 일점에 전력 기울였다. 가령 회원의 소송사건, 대 고용주 쟁의사건,

외국사람에 입은 피해에는 전력하여 싸우되 합법적 대응하였다. 그러나 그 그릇됨이 우리 쪽에 있을 때는 서슴없이 충심 사과하였다. 이치에 안 맞는 역성은 민족 위신 위함 아닌 것이다.

생활개선 부분은 도산이 미국에 처음 왔을 때처럼 주위 청결 강조하였다. 서양인보다 더 깨끗할 것 권면되었다. 예의다울 것도 강조되었다. 결코 거짓말 말고, 특히 서양인과의 교섭에서 '예스'와 '노우' 분명히 하고, 한번 한 약속은 이해불문 지킬 것 역설하였다.

그리고 다음 세 가지 신용이면 우리는 돈 벌 수 있고, 좋은 대접 받을 수 있으며, 우리 민족의 전체 명예 끌어올릴 수 있다고 동포에 확신 심어주었다.

"한국인 상점에서는 안심하고 물건 살 수 있다.
한국인 노동자에는 믿고 일 맡길 수 있다.
한국인의 언약이라면 믿을 수 있다."

회원들은 이 지도 잘 받았다. 동포들의 거주지는 청결해지고 몸가짐은 반듯해지고 신용은 높아졌다. 사업주들은 국민회의 노동자 신임하였다. 이 따라 관헌들도 회 신임케 되어 한국인에 전달될 국가 의사는 국민회 통하여 하고, 심지어 한국인 간 범죄 사건도 국민회에 일임하거나 경찰에서 다루더라도 국민회에 자문 구하였다. 여행권 불비나 휴대금 부족한 한국인은 국민회의 보증으로 미국에 입국할 수 있었다. 국민회는 대사관, 영사관 같았고, 이 국민회 인해 재미 한국인은 일본신민 아닌 한국국민으로 계속 대우 받게 된 것이다.

이것은 미국 관변에 로비한 결과 아닌, 우리 동포 자신이 국민회 지도하에 쌓은 신용, 명예의 결과였다. '우리 민족이 존경할 만한 사람들이라는 신용 얻게 되면 세계 어디서든 못 이룰 게 없다'는 것이 도산의 신념이었다. 이 운동은 미국 외에도 멕시코, 시베리아에서도 강조되었다.

도산은 멕시코 동포 초청으로 멕시코에 가게 되었다. 이곳 국민회의 지방회도 그 나라 관민의 신용과 존경 받고 있었다. 원동지회는 이강 손으로 처음 블라디보스톡에 본부 두었는데 거기는 김립, 윤해 등의 노력으로 권업회가 조직되어 국민회에서 분리되고 그 본부는 러시아 동남부의 치타로 이전하였다.

시베리아에 산재한 동포들도 각 지방마다 국민회 조직하여 1년에 한번 치타에서 대의원회 열고 기관지로 정교보 잡지 발행하였다. 여기 중심인물은 이강이었는데, 이곳 국민회도 러시아 관민의 신임 얻어 한국 국민이라는 여행권 사용하였고 일본신민 취급 아니 받았다. 그러나 1914년 제1차 세계대전이 일어나자 러시아는 총동원령 내려 국민회의 활동은 정지되고 말았다.

6 / 상해 활동

1919년에 제1차 세계대전이 휴전에 이르렀다. 샌프란시스코에 있는 국민회의 중앙총회는 이승만에 파리평화회의에 참석하도록 하여, 국민회의 신임장 가지고 우선 워싱턴으로 갔다. 이때 국민회 내부에서는 이승만에 불만 있었으니, 그것은 이 박사가 하와이 국민회를 중앙총회에서 분리시켰다는 것이다. 그러나 도산은 이승만이 적임자라고 역설하여 내부 불만 눌렀다.

이승만은 워싱턴에 갔으나 유럽 여행권 얻지 못하였다. 마침 상해에 있는 신한청년당에서 파리에 김규식 파견하여 그가 우리 민족 대표로 활동했고 이승만은 구미 위원부장으로 워싱턴에서 외교와 선전일 하게 되었다.

안창호 자신은 국민회의 특파로 원동으로 떠났다. 제1차 세계대전 휴전 후의 민족운동 대비 위해 간 것이다. 도산은 선상에서 '3월1일 독립선언' 관한 국내 보도 접하였다. 그리고 홍콩 거쳐 상해로 왔다. 4월 10일의 대한민국 임시정부의 조직 발표 직후였다. 임시정부는 이승만을 국무총리 원수로 삼고, 안창호, 이동휘, 이동녕, 이시영, 김규식, 신규식 등을 각부 총장으로 삼고, 여운형, 신익희, 윤현진, 이춘숙 등 소장파를 차장으로 정하였다.

신한청년단(당)의 설립 배경은 이러하다.

합병 직후 신규식, 김규식, 신채호, 조용은, 문일평, 홍명희, 정인보 등 지사들은 상해에 망명해 있었다. 그때 신규식은 동지회 조직하였는데 이는 상해 한인의 주인격이었다. 그후 한송계, 선우혁, 장덕수, 김철 등이 상해에서 신한청년당 조직하고 제1차 세계대전이 휴전되자 김철을 국내에 보내어 천도교에서 3만원 도움받아 김규식은 파리에 파견하고 여운형은 러시아령으로, 장덕수, 선우혁은 국내로, 그리고 서북간도, 북경, 미주, 하와이 등지에도 글 보내어 이 기회에 일제 독립운동 일으킬 계획 진행하고 있었다.

그런데 동경 유학생들이 동경 청년회관에서 2월 8일에 독립선언한 것이 상해에 전해지자 신한청년당에서도 프랑스 조계(중국 내 외국인 지역)에 사무소 내고 선전과 연락의 사무 시작하였다. 그리고 3월 1일의 독립선언 제1보가 1주 후 상해에 도달하였는데 이 소식은 다시 신한청년당이 파리평화회의와 미주·하와이 국민회 등의 주요 지도자에 보도 자료 만들어 전하였다. 또 상해에 있는 각 신문사, 통신사에 3·1 운동 관련 영·한문 등 기사 제공하였고, 민족운동 여러 지도자에 상해로 모이도록 하였다. 그 즈음 윤현진, 신익희, 조완구, 이춘숙 등이 본국 혹은 동경에서 왔다.

신한청년당은 임시정부와 임시의정원의 회의장, 사무소 등 마련하고 각지에서 모인 지도자에 시국수습 요구하고는 자진 소멸하였다. 신한청년당은 임시정부 조직한 뒤 그간 사용하던 집 기까지 임시정부에 바쳤다. 이 때에 도산이 상해에 온 것이다.

도산은 상해에 오는 길에 병나서 홍십자병원에 입원하였다. 윤현진, 식익희 등 차장들은 연일 도산 방문하여 내무총장 맡아 국무총리 대리할 것 간청했으나 도산은 듣지 않았고, 도산은 다음 지적하였다.

"파리 평화회의와 윌슨의 민족자결 원칙은 분명 우리 민족에 독립의 호기이오. 그러나 첫째, 우리 민족에 일본 물리칠 실력이 미비하고, 둘째, 일본은 이번 전쟁에서 연합국 일원이므로 조선민족은 민족자결의 원칙 적용 못 받을 것이오. 그러므로 이번 운동은 세계에 우리 민족이 일본 통치 배격하고 자주독립 희망한다는 의사 표시하는 데 그치는 것이고, 이번에 독립 달성 할 수는 없을 것이오. 내가 원동에 온 목적은 독립운동이 아니라 다음 기회에 정말 독립운동 할 실력 기르기 운동하러 온 것이오."

도산의 실력향상운동 안은 남북 만주와 러시아령 동포 조직하여 산업과 교육 장려하고 부력과 문화력 높이자는 것이다. 만일 재외 동포들의 부력과 문화가 향상되면 그것이 곧 독립

실력인 동시에, 국내 동포 자극하여 함께 부력과 문화가 증진될 것이니, 진실로 우리 민족에 부력과 문화력 있을진대 언제나 기회 있는 대로 독립될 수 있다는 것이다. 도산 의견의 중심은 실력이었으나, 다수 민족운동자 의견의 중심은 기회였다. 이에 도산은 이렇게 말하였다.

"'이번 기회에' 하고 기회 엿보는 것은 실력 구비한 자가 할 일이니, 실력 있는 자에는 언제나 기회 오는 것이지만, 실력 없는 자에는 호기라고 해서 곧 기회 될 수 없는 것이오."

그러나 차장 측 소장파들은 도산 설복 아니 멈추었다. 첫째, 지금 국내 동포가 독립 위하여 날로 피 흘리고 투옥되고 있지 않는가? 이것 방관하겠는가? 둘째, 동포에 실력 양성 역설하더라도 임시 정부 이름으로 하는 게 힘 있지 않겠는가? 이에 도산은 큰 감동 받았다면서도 자신의 주장 굽히지 않았다. 그러는 동안 20여일이 지났다. 그래도 도산은 처음 뜻 아니 굽히고 자기는 만주에 들어가서 동포들 속에서 교육과 산업에 몸 바칠 것이라고 말하였다.

도산은 이때 새 책무 느꼈다. 그것은 각지에서 형세 관망하고 있는 거두 동지들 상해에 모으는 일이었다. 한 집에 그들 모아만 놓더라도 든든할 것이거니와 다행히 신민회 때의 의리 회복하여 대 독립당의 단일 조직에서 협력할 수 있다면 그런 경사는 없을 것이었다. 도산이 독립 위해 민족단일의 진영 이뤄야 한다고 주장한 것은 신민회나 청년학우회에서도 마찬가지였다. 그리고 거기에 중심인물로 다른 이 두고 자기는 무명인하려는 것은 자신의 존재로 의견통일이 방해될까 두려워한 것이다.

도산은 우리나라 인심이 당파적이어서 현 정세로는 민족적 단결의 중심인물은 편벽된 사람은 아니 된다고 생각하였다. 다시 말하면 그 중심인물 될 사람은 기호인이요, 양반이라야 한다는 것이다. 그가 유길준을 민족운동의 중심인물로 추대하려 한 것은 이 때문이다. 만일 도산이 기호인이었다면 거리낌 없이 자신이 이 소신 수행했을 수도 있었다. 이런 미묘 사정은 일해 본 사람이라야 아는 것이다. 도산의 평생 동지인 송종익은 대구 사람이거니와 그는 일찍이 도산 보며 탄식하였다. "선생은 왜 기호 양반 아닌 평안도 놈으로 태어났소?" 도산이 신민회나 흥사단에서 팔도의 각 1명으로 발기인 삼은 것은 다 이 미묘 감정 헤아린 것이다.

도산은 수십일 째 그의 출마 간청하는 소장 동지들에 두 가지 조건 말하였다. 하나는, 각지의 거두들 상해로 모으는 일이요, 둘은, 그들의 모임이 성사되면 도산은 임시정부의 국무총리 대리 사면하고 다른 이에 권하자는 것이었다. 그런데 독립운동이 이처럼 벌어져도 아니 모이는 거두들에 크게 불만가진 소장파들은 도산이 제안한 제1조건에 반대하였다. 그들이 아직도 임시정부의 상해로 아니 모이는 것은 거두들이 무성의하거나 다른 뜻 있어서이니 억지로 그들 모아도 결국 의견불일치나 파쟁만 있을 것이고, 도산 중심의 소장파 내각 출범시키자는 것이었다.

그러나 도산은 첫째, 의리로써, 평생 애국지사로 몸 바쳐 온 선배 무시하는 것 옳지 않고, 둘째, 도리와 체면으로써, 모든 지도자들이 임시정부에 협력 않으면 민족 총의 망라했다는 명분이 서지 않으며, 총의 아니라면 임시정부의 위신이 감손하고, 그러면 임시정부가 각지에서 잡다히 발생, 오히려 민족이 분열될 수 있으니 산재 거두들 모으는 것은 독립운동의 절대 조건인 동시에 도산 취임의 절대 조건이라고 말하였다.

이에 소장파도 결국 도산의 의견에 찬성하여 그 지도 따를 것 맹세하고, 이에 도산은 임시정부 내무부장으로 취임하게 되었다. 도산은 취임한 이상 맡은 일에 전력하였다. 그는 첫째 미국 국민회에서 2만 5천불 받아 프랑스 조계 하비로에 정청 차리고 규칙적 정무 보았다. 거두들은 아직 아니 모였으므로 소장파 차장들이 총장대리 하였다. 최창식이 비서장, 신익희가 내무차장, 윤현진이 재무차장, 김구가 경무국장이었다. 정청은 매일 아침 사무개시 전에 전원이 조회하여 국기 게양하고 애국가 합창하였다.

　동해물과 백두산이 마르고 닳도록
　하느님이 보우하사 우리나라 만세
　무궁화 삼천리 화려강산
　대한사람 대한으로 길이 보전하세.

도산은 그 웅장 목소리로 힘차게 애국가 불렀다. 그러자 점잔 빼던 사람들도 아이들같이 열심히 부르게 되었다. 애국가 끝 절의 '이 기상과 이 마음으로 임군 섬기며 괴로우나 즐거우나 나라 사랑하세' 부분은 '이 기상과 이 마음으로 충성 다하여 괴로우나 즐거우나 나라 사랑하세~'로 도산이 수정하였다.

원래 이 노래 가사는 도산이 지은 것이지만, 이 노래가 널리 퍼지어 국가로 불리게 되니 도산은 이에 자기 작이라는 말 아니 하였다. '선생님이 애국가 지으셨다는데.' 하면 아무 대답 아니 하였으며 그렇다고 부인도 아니 하였다.

정청 유지 외의 큰일은 신문 발행과 민족운동의 거두 모으는 일이었다. 신문은 별 어려움 없이 발간되었다. 조동호의 고심으로 국문 인쇄용 자모도 만들고 미주 국민회에서 자금도 송금해 왔다. 문제는 독립운동의 거두 회합하는 일이었다. 도산은 편지 보내거나 일일이 특파원 보내었다. 7월까지 이동휘, 이동녕, 이시영, 신규식, 조성환, 김동삼 등이 모였다. 러시아령의 최재형은 아니 오고, 좀 더 늦게 박용만이 하와이에서 오고, 이승만도 늦게 도착하였다.

거두들이 모이기 기다려서 도산이 계획한 일은 첫째, 내각개조요, 둘째, 독립운동 방략(方略)의 결정이었다. 내각 개조가 문제 된 것은 상해에서 발표된 임시 정부 외에, 이승만을 대통령으로 한 것, 이동휘를 집정관 총재로 한 것 등 세 정부로 나뉘어져 세상에 유포되었기 때문이며, 이승만은 미국식 민주주의를, 이동휘는 사회주의 채택 등 주장하고 있었다.

이에 도산은 이승만을 대통령으로, 이동휘를 국무총리로, 기타 각원을 한성정부 제도대로 해서 분열 방지하여 통일 정부 구성하려 하였다. 그리고 내무총장에 이동녕, 노동국 총판에 안창호 등으로 발의하였다. 그러나 도산의 이 안에 격렬 반대한 것은 임시정부 소장파와 차장들이었다. 이 안은 필경 이승만과 이동휘만 위하느라 임시정부가 희생된다고 보았기 때문이다. 이에 도산은 약 3주일간 소장파들 각개 설복하였다. 독립운동 벽두에 전선이 삼분되면 우리의 수치이며 통일 정부 수립 위해 양해해야 한단 것이다. 도산은 연일 불만하는 거두들과 소장파들 설득하였다.

이 일이 지연되자 거두들은 각기 돌아가겠다고 분개하였다. 망명 청년들도 여러 선배 모았다가 독립운동 진행에 아무 결말 못 낸다면 자신들도 가만 아니 있겠다며 한위건, 백남칠 등은 거두들 협박도 하였다. 그러자, 도산이 이 일 시킨 것이라 오해한 거두 있었지만, 그런 방편 쓰기에 도산은 너무 정직인이었다.

도산의 성의는 마침내 통하여 임시의정원 결의로 이승만을 대통령으로, 이동휘를 국무총리로 하여 통일된 전선의 정부 만드는데 형식상 성공하였다. 이리 되자 거두들은 뿔뿔이 돌아가겠다는 고집 버리고 상해에 머무르면서 자주 국무회의 열게 되었다.

도산의 계획 상 이제 남은 것은 독립운동의 방략 제정하는 일이었다. 도산의 이 발의는 곧 국무회의에 채택되었고, 각 총장, 차장과 기타 주요 인물에 독립운동 방략 시안 제출케 했다.

도산이 독립운동 방략의 제정 주장한 이유는 이번 운동으로 독립이 실현된다면 문제될 것 없겠지만, 그리 못되더라도 뒤 잇는 사람들이 계승·답습할 주의, 강령, 실천계획 남겨서 독립이 길어지더라도 일관된 주의와 방침 하에 독립운동이 계속되어야 한단 것이다. 도산은 지난 10년의 독립운동이 각 사람,

각 지방에서 뿔뿔이 진행되어 좋은 결과 못 낳았을 뿐 아니라 반목도 많았기에, 앞으로 민족 분열과 민력 소모 없애자는 것이다.

도산은 준비 없는 즉흥적 운동이 우리 민족의 과거 결점이요, 습관이라고 지적하고, 기록 소중히 여길 줄 모르면 과거 경험 잃어버리는 손해 되풀이 된다고 하였다. 그가 상해에서 독립운동사료편찬위원회 세워 10여 위원에 합병 이후의 일본 폭정 등 민족운동 자료 편찬하게 한 것도 이 주지에서 나온 것이다.

독립운동 방략의 그 대강은 임시정부 유지방법, 국내 향한 운동방법, 재외동포 운동방법, 국제 선전방법, 최후 건국 방안 등이었다. 첫째, 대한민국 임시정부는 독립운동이 오래 지속되더라도 독립실현 될 때까지 계속 유지할 것이요, 그 방법은 동포를 통일·단결시켜 그들의 정신적·재정적 지원 받아야 한다는 것이다.

실제 방법으로는 북간도, 서간도, 러시아령, 미주, 하와이 등 5개 지역의 동포 조직하는 것이 1단계, 이 5개 지역 조직체의 통일·연합하는 것이 2단계이니, 독립운동 기간 중에는 이 5개 지역을 대한민국 영토로 보고, 거기 동포를 국민으로 보아, 그들 납세로 재정적 기초하고, 동시에 그들에 교육과 산업발전 주어 문화력과 경제력의 증진 도모한다는 것이다.

이리하여 3백만 재외동포는 귀의할 바 얻어 문화와 부력 증진하고, 매년 매인 20원 납세로 능히 임시정부 유지하며, 5개 지역 동포의 문화와 부가 향상될수록 정부의 활동 능력도 증대되어 간다는 것이다. 그런데 5개 지역 동포는 벌써 각기 조직 있었고, 그 지도자가 곧 임시정부의 각원들이니 현재 상해에 모여 있는 영수들만 일심 노력한다면 충분히 가능한 일이었다.

 둘째, 위 목적 달성 위해 이 5개 지역에 수도라고 할 만한 중심지구 선택하여, 그곳을 정신, 정치, 교육, 산업의 중심지로 삼고, 또 5개 지역 통할 수도를 중국 적당 지역에 설치하여 농·공·상·금융·문화의 중심지로 삼자는 것이다. 이는 독립이 지연되는 경우 재외동포가 유리 되는 것 막고, 조국 보호 없이 버려진 동포에 정치적·경제적·정신적 도움 주기 위함이다.

 재외 한인의 교육 관해서도 도산은 서북간도 같이 전혀 교육 기관 없는 곳은 우리 자녀 위한 학교 세워야 하지만, 미주, 하와이나, 중국에서도 개방된 곳, 교육기관 있는 데는 그 이용할 것이지 동포 부담으로 학교 세울 필요 없고, 다만 우리 국어와 국사 가르치는 기숙사 정도는 설비하고, 본국에서 나오는 동포 청년 위해서는 지역 대학에 입학시킬 준비기관만 있으면 될 것이라고 하였다.

산업정책으로는 거주국의 정책에 순응 협력하면서도 우리 민족의 부력 증진하자는 것이다. 이를테면, 만주에서는 중국 요구가 농산물 증산에 있고, 우리 민족 장기가 농사에 있으니, 동포의 경지획득 용이하게 하고, 낮은 이자로 농사자금 지원하고, 농사개량 지도하며, 농산물 판매 유리케 하고, 농축산 가공업 진흥시키되, 중국 정부와 교섭하여 집단부락 만들어 도덕 · 지식 · 생활 · 문화가 향상되면 해당국의 호감 살 수 있다는 것이다. 또한 우리 민족이 그리 발전해야 생활이 넉넉해지고, 납세가 증가 하고, 농촌과 도시가 문화적 발전되어서 재류 원주민에도 좋은 영향 주겠기 때문이다.

이처럼 10년 교훈, 10년 전력하면 한인은 격세감 느끼도록 발전할 것이며, 그것은 우리 독립당원이 3백만 된다는 뜻이며, 타국에는 우리 민족이 문화국민, 독립국민 될 자격 있다는 것 널리 알리게 된다는 것이다.

이것은 도산이 국내의 신민회 통해 주장했던 바요, 또 10년 전 망명할 때도 청도 회의에서 주장하였던 것이다. 그러나 경술년 합병부터 기미년 3 · 1 운동까지 '나가자, 싸워 죽자' 식으로 민력 배양은 등한시 된 채 무관학교 설립, 독립군 조직 등으로 민력은 더욱 소모되었다. 도산의 생각은 지난 10년의 전철 밟지 말고 이번 독립운동부터는 '나가자 죽자' 대신에 '나갈 준비하고 죽을 준비하자'로 바꾸자는 것이고, 상해에 모인 영수들의 만장일치 의사로 이 공표하자는 것이다.

  도산은 자기 명의로 자기 신념 발표하기보다 다소 시간 걸리더라도 여러 동지들에 말하고 그들의 찬동 구하여 동지 전체 이름으로 발표되길 기다렸다. 그것은 다만 도산의 겸손 때문만은 아니다. 남의 의견에 찬동하기 싫어하는 우리네 심리 고려함이었다. 그것은 애국가의 작자 밝히지 않는 것과 같은 이유이다. 이번 독립운동 방략(方略)도 실상 자신이 작자이면서 임시정부 이름으로 발표한 것이다.

  2차적 과제는 국내 연통제와 국제 선전 방략이다.

  연통제는 국내 각 도·군에 임시정부의 연락원 두는 문제이니, 이것은 임시정부 의사나 행사를 국민에 널리 알리기 위함이다. 그 요령은 각 군에 군감 1인 비밀히 택하여 그에 군내 주요인물과 의사소통케 한다는 것이다. 국내 동포가 일본의 보도 제한으로 임시정부 동향이나 세계 정세도 모르니, 이 통해 국민에게 바른 인식 주는 동시에, 유사시 하나의 명령 하에 전 국민이 동원될 수 있게 준비하자는 것이다.

  임시정부와 국내 국민 간 연결하는 조직을 2차적이라고 하는 것은 일본 경찰 하에 이 조직이 방방곡곡 갖춰지기 어렵고, 설사 갖춰지더라도 오래 유지하기 어렵고, 희생자 낼 가능성이 있기 때문이다. 가까운 장래에 제2차 3·1운동 같은 전 국민 운동이 일어난다면 몰라도, 아니라면 이는 다만 일시적 훈련일 수 있겠기 때문이다. 그렇다고 연통제 아니할 수 없다. 강화회의 결과로 국제연맹이 생기고 민족자결주의 원칙으로 체코슬로바키아, 폴란드 등 신흥국이 연달아 일어나니 이런 세계 정세도 국민에 알리고, 독립운동 방략도 널리 알리고, 혹시 무슨 좋은 기회 바라는 측면도 있었다.

이 연통제만은 영수들의 흥미 끌어서 많이 진전되었는데 이종운 선생 등은 국내에 잠입하여 경기 이남에 연통제 하다가 중형 받았다. 독립신문도 이 연통제 망 통해 국내 지역에 배부되었다.

그런데 연통제 조직에는 많은 인원이 필요하였고 조건도 많이 붙었다.

첫째, 지역에서 신망 있는 자여야 하고,

둘째, 중형 각오하는 자여야 하고,

셋째, 적의 경찰 망 피할 기민함 있어야 하고,

넷째, 적의 경찰에 붙들리더라도 입 봉할 용기 있어야 한다.

연통제 관계자의 희생 방지 위해서는 어느 군의 군감은 옆 군의 군감 모르고, 이처럼 직계 상급 간부 밖에 모르게 하였으며, 만일 군감의 사망·검거 등 문제가 생긴 때는 자동 그 승계자 있어야 했다.

만일 신뢰의 인물이 많았던들 연통제는 큰 효과 거두었겠지만, 불행히 이런 혁명적 인재는 구하기 어려웠고 또 임시정부 내에서까지 연통제는 비밀이어서 널리 인재 구할 수도 없었다.

다음 국내 정책으로는 적의 행정 경찰 기관에 우리 동지가 들어가는 등 일본에 협력 가장한 동지가 필요하였고, 매년 폭탄·시위 등으로 국내 동포에 독립의식 일깨우는 것도 필요하였다. 이 위해 상해에 폭탄제조기술 습득소 두었고, 결사적 동지 결속도 있었으니 이는 주로 김구가 맡았다.

국제 선전은 국제연맹이 있는 제네바에 대사 두어 한민족의 독립의사와 일본의 폭정과 야심 전하거나 폭로하고 미·중·소에도 임시정부의 신임장 가진 대사 주재시켜 선전과 외교활동 하는 것이었다. 이 계획은 제네바 사절 요원까지 결정되었으나 비용 문제로 지연되다가 중국 훈춘에서 일본군의 한족 학살사건과 연동되어 더 이상 진행 못되었다.

이러한 독립운동 방략은 우여곡절 끝에 임시정부 2년째에 국무회의에서 가결되었다. 그러자 임시정부는 준비할 정책과 일상 사무가 많아져서 활기 띠게 되었다. 국내 연통제 실시, 재외 5개 지역의 단결, 사료 편찬 등 날로 사무가 늘어났.

이종욱 등은 연통제 실시 위해 국내로 잠입하고, 안동현, 봉천 등지에는 교통부의 연락부가 생기고 국내에도 요처에 연락부가 생겼다. 북간도에는 안태국이, 서간도에는 백영엽이 각각 조직과 연락의 사명 부여 받았다.

 특히 안태국이 북간도에 파견된 이유가 있다. 북간도는 동포가 가장 많기도 하지만 당파 싸움도 가장 많은 곳이었다. 따라서 이 통일 위해서는 가장 힘든 곳이 하와이 외는 북간도였다. 군웅할거의 북간도에서 그 조화할 인물은 오직 동오 안태국 뿐이라고 영수들의 의견이 일치하였다.
 조화력 있는 인물, 이는 다수인 사업에서 중요 존재이다. 인물 중에는 투쟁가, 모략가, 조화가가 있다. 그런데 이 세상에 투쟁가나 모략가만 있다면 이 세상은 살풍경 되고 신경쇠약만 남게 된다. 조화의 인물 있고서야 비로소 협화가 생기는 것이다.
 조화가는 표면에 이름나지 않으나 그 중요성은 벽돌집 양회와 같다. 그런데 이 능히 조화하는 인물 구하기 어렵다. 그는 누구에나 신임, 친애 받으면서도 싸우는 쌍방의 심경 통찰하는 명철성 있어야 하니, 쌍방 이상의 덕과 지 겸비해야 한다. 그러므로 이런 인물 가진 나라는 천행이라 할 것이다. 그런데 동오 안태국은 당시 이런 인물이었다.

 '동오'라고 하면 누구나 마음 따뜻하여지고 윤택해졌다. 그는 신민회 사건으로 악형 당하고 6년 옥고에 안면 찌그러져 초췌하였으나 그가 가는 좌석에는 화기가 돌았다. 그는 말 적은 사람으로서 허식과 모략 없이 오직 겸허와 충성만 있었다. 어려운 중에도 북간도의 의견 통일문제가 해결되면 러시아령이나 하와이에 갔을 것이요, 그가 가기만 하면 반드시 화합이 있을 것이었다.

그러나 불행히 동오는 북간도로 출발하기 직전 병들었고 도산이 헌신적 간호했으나 2년 5개월 만에 별세하고 말았다. 그의 유해가 외국인 묘지에 묻히던 날 상해에 있던 모든 영수들과 거류민은 울면서 영결하였다. 동오의 죽음은 도저히 회복할 수 없는 큰 손실이라며 도산도 통곡하였다, 도산은 평소 성내거나 슬퍼 아니하는 사람이건만 동오의 죽음에는 아낌없이 울었다. 도산은 우리 독립운동에 이런 인물의 필요성 깊이 느꼈었다.

우리나라의 지방 감정은 가는 곳마다 있었다. 상해에서도 기호파, 서북파, 교남파 등 감정의 암류가 없지 않았다. 그러나 동오만은 평양 태생이건만 기호인에는 기호인 같이, 교남인에는 교남인 같이 통정하였다. 그에는 내라는 것, 사사로운 것이 없었기 때문이었다.

도산은 간혹 서도파의 두목이란 말 들었다. 그러나 사실 상해에서 가장 도산 애모한 사람으로는 경상도의 윤현진과 전라도

의 나용균이었고 도산 배척한 이는 평안도에서 오히려 많았다. 도산은 사람 대할 때 그의 고향 묻는 일 없었건만 그를 서도의 지방색 있는 자라고 오해하는 경우 많았다. 미주의 국민회와 흥사단에서 도산의 심복은 대구인 송종익이었다. 또 평생 도산 존경한 이는 신한민보 주필의 홍언으로 경기도인이었다.

동오의 죽음으로 독립운동의 통일 대업에 큰 지장 생긴 것은 대치할 길 없는 일이거니와 독립운동 방략은 그럭저럭 실천 궤도에 올랐다. 이동휘는 국무총리로 시무하였고, 다른 영수들도 유쾌히 협력하게 되었다.

도산은 이제 국무총리 대리도, 내무총장도 아니었다. 노동국 총판인 그는 책상도 필요 없어서 야인 되었다. 도산은 그 처지 기뻐하였다. 도산은 임시정부에서도 말석 각료로서, 절반은 정부 밖에서 여러 동지들 사이에서 알선하였고, 또 연통제라든지 상해주재 외국 영사와의 교제 등 잡무 할 수 있었다.

1921년 도산은 미국 의원단과 회견 위해 임시정부 대표로서 통역인으로 백영엽과 황진남 대동하고 북경에 왔다. 백영엽은 목사 자격 있었고 중국어에 능하며 애국심과 정의감 강하여 도산의 신임 받는 흥사단 단우였다. 후에 백영엽은 도산에게서 서간도 동포의 지도 임무 받아 만주에서 활동 중 일본 관헌에 체포, 복역하였고 출옥해선 교회 일 보았던 인물이다. 황진남은 도산 친우의 아들로서 어려서부터 북미에 가서 영어에 능하였으며, 캘리포니아 대학 진학 중임에도 도산이 기미년 상해에 올 때 대동하였는데 상해에서도 필요한 통역일 맡았다.

도산은 북경에서 미국 의원단과 회견하였다. 백영엽에 따르면 그 회견내용은 이러하다. 도산이 먼저 말 꺼냈다.

"중국 보신 감상은 어떠하시오?"
"나라는 큰데 거지가 많소."

"그 원인이 어디 있다고 보시오?"
"나쁜 정치 때문이라고 보오."

"그런데 중국 정치가 나쁜 원인은 어디 있다고 보시오"
"글쎄요, 도산 당신은 중국이 혁명 후에도 그 정치 안 좋은 이유가 어디 있다고 보시오?"

"혁명 후 중국 정부와 지사들은 좋은 정치하려고 애쓰나 밖에 그 방해하는 세력이 있소. 중국이 힘 아니 가지길 바라기 때문이오. 독립국가인 중국도 이러하거늘 제 정치 아주 잃어버린 한국이야 어떠하겠소?"

"알았소, 알았소. 아시아 구할 길이 무엇인지 알겠소. 고맙소. 고맙소."

바로 이즈음 일이었다. 모씨가 북경에서 도산 만났을 때, 도산이 서산 구경 가자고 하였다. 도산은 친구가 자기 찾아오면 극진 정성으로 대우하며 돈과 시간 아끼지 않는다. 두 사람은 인력거 타고 만수산으로 향했다. 그런데 북경 시내 가로에서 힐끗 도산 보고 피하는 사람이 있었다. 도산은 저편이야 어찌하든 일일이 그들에 손들어 답례하고 인사하였다.

도산은 모씨에게 일일이 그들의 이름 말하며, 만리 타향에서 고국 동포 만나면 피하는 것이 우리 동포라며 탄식하였다. 그들은 대개 도산에 한두 번 신세진 적 있건만 도산에 반대 자처하는 이들이었다. 만수산 볼 마음 없다는 모씨의 말에 도산은 서산에서 이탁 찾았다.

동우 이탁은 키 크고, 뚱뚱하며, 눈 가늘고, 얼굴 검고, 말 적고, 외양은 매우 온후하였다. 그러나 도산의 평 따르면 그의 일신은 오롯이 의(義)요 담력이며, 그는 동지 경애하여 자신 잘 내세우지 않았다. 그가 유교 집안 출신인 것은 예절 갖춘 근엄 태도로도 알 수 있었다.

서산에는 향산(香山)에 모범촌도 있다고 하나 날도 저물고 또 동우 만난 것에 만족해서 저녁 즈음에 돌아올 길 잡았다. 해전

(海甸)에서는 죽림 김승만의 은거지 찾았다. 죽림은 예수교 장로로 신민회 동지이며 지우였다.

  도산이 어디 있든 그렇지만 북경에 있을 때 많은 사람이 찾아왔다. 늙은이도 있었으나 젊은이가 더 많았다. 도산은 누구든 찾아오면 온화, 공손, 친절히 대하였다. 그리고 가르침 청하기 전에는 결코 훈계나 충고 아니 하였다. 또 어리석은 말이더라도 다 듣고 남이 말하려는 것 꺾지 않았다. 도산은 사람의 개성 존중하고 그 처지 동정하였다. 누구에 핀잔주는 일도 없었다. 어린 자에도 말할 기회 주었다.
  도산은 남이 하는 말 다 들은 뒤에 자신의 의견 말하되 조금도 저편 비위 아니 맞추었다. 안될 일은 안 된다. 아니 믿는 말은 아니 믿는다고 하였다. '글쎄' 같은 애매 말 아니 하였다. 도산 찾았던 사람은 반드시 무엇이라도 얻어 갔다. 충고도 훈계도 없었건만 대화 중 자신도 모르게 듣는 자에 무슨 소득 주어, 잊히지 않는 무엇인가 남겼다. 그것은 그의 모든 말이 정확 지식과 움직임 없는 신념과 애국·애인의 진정에서 나오는 까닭이다. 천진 남개대학 총장과 도산이 회견한 일 있었는데 그는 그 후 만나는 한인에 '그대 나라에 안창호 같은 지도자 있으니 부럽다'고 말하곤 하였다.

도산은 결코 누구 이용하는 일 없었다. 도산이 북경에 있을 때 모씨가 도산에 거액의 기부 약속한 적 있었다. 그 모씨는 도산 숭배자요, 도산에 자금만 있으면 나라에 좋은 일 있으리라 믿는 자였다. 실상 그는 수단 좋아 어렵지 않게 수만금 만드는 위인이었다. 그러나 도산은 그가 정당히 돈 버는 게 아닌, 협잡꾼인 줄 알았기에 거절하였다.
"나라 일은 신성한 일이오, 신성한 일을 신성 않은 재물이나 수단으로 하는 것은 옳지 않소."

도산은 독립자금도 재물의 출처 알지 않고는 받지 않았다. 도산이 러시아 레닌 정부에서 돈 받기 거부한 것도 이 때문이요, 독립운동 한다며 부자 유혹, 협박해선 안 된다는 것도 이 때문이다. 도산은 민족운동 하는 자가 도덕적 시비에 말려서는 안 되며, 동포가 의심 없이 백만 대금 맡길 만하고, 또한 과년의 처녀 안심하고 맡길만한 인물이라야 동포에 신임 얻게 된다는 것이다. 새나라 건설하는 데는 티끌만큼이라도 부정, 불순 동기나 수단, 재물이 섞여서는 안 된다는 것이다.

도산은 어느 날 대 독립당의 강화 위해 중국말과 문필에 능한 유기석과 길림으로 갔다. 만주 길림의 독립운동가와 국내 독립운동가가 한자리에 모여 같이 독립운동 방침 논의하자는 것이었다. 그러나 병인년 1월 27일 최명식의 집에서 김동삼, 오동진 등 만주의 거두 2백여 명이 회합하는 중에 중국 경관과 일본 경관이 들이닥쳐 회의 중인 지사들 포박, 구금하게 되었다. 일본 영사관에서 공산당 집회라고 중국 관헌에 무고한 것이었다. 그러나 중국 명사 중에 도산의 신분 보증하는 이 있어 이들은 20일간 유치되었다가 석방되었다.

이때 도산이 길림에 모인 동지들에 말한 것은 첫째, 통의부, 정의부, 의군부 등 여러 기관 통일할 것, 둘째, 독립운동 방향을 소규모 무력 저항에서 대규모 독립전쟁으로 전환할 것, 그러기 위해 우리의 발톱과 어금니 감추고 수백만 동포의 부력과 문화력 더욱 증진할 것 등이었다.

만주에선 도산의 꾸준 노력으로 파벌과 당쟁은 끝내 잦아들기 시작했고, 만주는 조선혁명당의 통일된 독립운동으로 조성되어갔다. 도산은 길림에서 북경과 남경 거쳐 상해로 다시 돌아왔다.

그런데 북미의 국민회와 흥사단은 도산이 오랫동안 떠나있는 것과 3·1운동 실패 따른 사기 저하 등 여러 문제 있어 도산 기다리고, 도산도 대독립당의 견지나 해외 이상촌 건설 계획으로 북미의 여러 동지 만나볼 필요 있어서 도산은 필리핀의 마닐라 거쳐 미국으로 갔다. 후에 도산은 미국과 일본의 식민지

배 서로 비교하며 마닐라 감상 대해 말하였다.
 "배가 마닐라 항구에 들어가니 경관이나 해관은 모두 필리핀인이요, 미국인은 승객뿐이었다. 재판소에서도 판사, 검사가 다 필리핀인이었다. 미국인인 것은 총독부뿐인 것으로 보였다. 필리핀은 자신의 국기 사용하고 있었다."

 도산은 이처럼 미국의 필리핀 통치하는 모습 말하고, 필리핀 민족 대하여는 향락적이고 나태하여 분투 기상이 적은 듯하나, 이는 풍토와 관계되지만 결국 국민의 자각 부족이 그 이유일 것이라며 유감 뜻 보였다.

 도산은 미국에 도착해서는 또 약 1년간 국민회와 흥사단 위해 매달렸다. 도산은 먼저 동포들에 독립운동은 장원한 것이니, 이번 실패로 낙심 말라는 것과 더 부력 증진하고 인격 수양하여 미국인에 호감 주는 것이 당면 과제라는 것과 국민회의 기조 살려 분열 말 것 당부하였다.
 그러나 이 때는 이미 미국에서도 공산주의 사상이 생기고 또 어딜 가든 우리 민족 있는 곳에 따라가는 파벌, 당쟁의 폐단이 있었다. 미국에 있던 자나 미국에 새로 들어오는 자 저마다 두목 되려 여러 소규모 당 만들어 국민 통일 교란하는 것이다. 무엇 위한 파쟁인지 알 수 없었다. 그러나 도산이 미국에 돌아오자 북미 동포는 도산 믿고 따랐다. '선생님, 다시 북미 떠나지 마시오, 선생님이 떠나시면 우린 어찌 할지 모르오.'

이는 동포들의 진정이었다. 흥사단에는 더욱 어려운 문제가 있었다, 그것은 '이 마당에 수양이 다 무엇이냐. 어서 일어나서 싸움에 나서자'하는 일파가 나타난 것이다.

그런데 흥사단은 3·1운동 때도 단으로 나서지 않고 단우들이 개별적 나섰고, 끝까지 비정치성 지켰다. 그래서 흥사단은 적립금 지출 없었다. 흥사단의 참 주지 못 깨달은 일부 단우는 이에 불만하였다. 그들은 정치 쪽으로 방향 전환 주장하며, 자칭 신파라 칭하고 다수 흥사단 전통 고수자들을 수구파로 몰았다. 그들 생각에 수양이란 유치 청년이나 몽매 무식자들이 할 일이요, 자기네 고급 지식층에는 무관하다고 본 것이다. 도산은 그들에 일일이 서한 보낸 일 있었다.

"우리 민족운동의 유일 목적은 완전 독립국가 건설하여 빛나게 유지 발전하자는 것이니, 다른 목적이 있을 수 없으며, 그 위해 우리는 건전 인격 수양하고 신성 단결 조성하는 것이니, 이 없고는 저도 없는 것이오. 그러므로 우리 흥사단의 인격수양, 단결운동이야말로 유일무이 독립운동이자, 모든 정치운동의 모체인 것이오."

'수양 즉 독립'이라는 도산 사상이 이 서한에 분명 표시된 것이다. 그 후 이 서한은 동우회 사건 검거 중에 발견되어 동우회 유죄의 큰 증거물 되었다.

도산은 독립국가의 건설을 흔히 가옥 건축에 비겼다. 기초공사와 상부 건축으로 구분해 비유한 것으로 기초 잘 안 다진 건축물은 오래 못 간다는 것이다. 여기서 기초공사는 수양된 국민의 자격 말함이요, 상부 건축이란 모든 정치적 행위였다. 대한 제국이 무너진 것은 이 기초가 썩고 약한 때문이니, 무너진 기초 위에 그대로 새나라 건설할 수 없단 것이다. 이는 흥사단 약법의 목적에서 '우리 민족 전도 대업의 기초 준비 목적함'에도 나타나 있다.

우리 민족이 도덕적으로는 거짓과 속임 없어 안으로는 동족끼리 서로 믿고 밖으로는 열강과 다른 민족에 신임 받고, 지식적으로는 정치, 경제, 산업, 교육, 학술 등 각 부문 능히 담당할 수 있도록 각인이 배우고, 또 이런 유력 개인들이 신성히 뭉쳐 단결 이룬 뒤에야 완전 독립될 수 있고, 또 그 독립이 풍우에 아니 흔들려 영원히 반석 위에 설수 있다는 것이다.

"집 지으려면 설계와 목수가 필요하거니와 그보다 더 요긴한 것이 재목이다. 재목 없은 설계는 쓸데없는 짓이다. 우선 재목

구해야 하는데 이 없으면 씨 심어 조림해야 한다. '당장 급한데'라며 재목 없어도 당장 짓자 하면 아니 될 말이요, 이는 공론에 불과하다. 만일 백년 자란 뒤에야 재목 된다 하면 오늘 심은 나무는 백년 후에 재목 될 것이다. '그것을 언제?' 하고 오늘 심지 않으면 백년 후에도 재목이 없을 것이다. 영 아니 심으면 천년 후에도 없는 것이다. 그리고 집 못 지을 것이다.

　우리 흥사단은 조림하는 곳이다. 국가 건설과 운용에 필요한 재목 준비하는 데이다. 어떤 유력자나 대선생 있어 인재 양성하는 데가 아니라 수양 필요 깨달은 동지들이 모여 약법 정하고 그 수양하고 연마하는 기관이다. 여기는 주인이 없고, 중심인물도 없다. 단우 저마다가 주인이요 중심인물이다. 그 중 덕 있는 자 추대하여 중심인물로 삼을 수 있지만 그것은 오직 모범으로 세우는 것이지 그에 권력 주어지는 것 아니다. 흥사단의 다스림은 오직 흥사단의 약법과 그 의해 선임된 임원일 뿐이다."

　도산은 동지들에 흥사단의 주지(主旨) 대해 다시 설명하고 강조하였다. 도산이 언제 다시 떠나더라도 단의 동요 없도록 동지들 서로가 다스릴 것 역설하였다. 이로 국민회와 흥사단이 어느 정도 안정되자 도산은 다시 미국 떠나 상해로 왔다. 도산이 그때 처자식과 한 작별은 마침내 영결식 되고 말았다. 이번 미국에 왔던 때 막내 얻게 되었으나 평생에 부자 대면은 없고 말았다. 송종익은 도산의 마지막 미국 가정생활 대해 말한 적 있다.

"도산 내외는 결코 금실 좋은 사이는 아니었다. 부인은 도산이 가사 돌보지 않는 것 원망하였다. 세상이 보기에 도산은 높은 지도자였으나 부인이 보기에 도산은 결코 좋은 남편 아니었다. 도산은 마지막 미국 체재 때 부인 위하려 많이 애썼다. 옷도 사주고, 동행하여 다니기도 하였다. 도산은 부인 가엾게 생각하였다. 빈천 살림에 혼자 자녀 맡아 길렀고, 가정의 낙 볼 기회도 거의 없었다. 지사의 아내란 다 그런 것이지만 아내가 그 남편의 사업 잘 알지 못하는 때는 그것은 불행이요 비극이다. 그러나 도산의 부인은 여러 자식 훌륭히 길러냈으니 그는 현부임에 틀림없다."

도산은 대독립당과 이상촌 그리고 흥사단 원동지부의 발전 계획과 수만금의 동지 출자 들고 상해로 돌아왔다. 그러나 도산의 뜻 펼 기회는 막혀 버렸다. 이른바 만주사변으로 일본은 만주뿐 아니라 상해까지 출병하였고 도산은 그 계획 펼 곳 없었다.

7 / 순국

1931년 4월 29일에 의사 윤봉길이 상해 홍구공원에서 일본 최고 지휘관 리사카와 요시노리 대장 등 폭살하는 사건이 발생했다. 이에 일본 관헌은 한국인 대수색하였고 도산은 체포되어 경성으로 압송되었다.

　이날은 마침 도산 지인의 자식 생일이었다. 도산은 이 아이에 생일 때 선물 주겠다고 약속하였었고 도산은 약속 어길 수 없다고 하여 삼엄 경계인 줄 알면서도 선물 가지고 그 집 찾았다가 잡힌 것이었다.

　도산은 상해 일본 영사관 경찰서에 3주 정도 유치되었다가 5월 하순에 배로 인천으로 들어오게 되었다. 당일 인천부두에는 신문기자, 사진반, 친지들이 많이 마중 나왔으나 사법 경관들의 감시 속 도산은 검은 코트 입고 자갈생 중절모 쓰고 포승만 없었을 뿐 엄중 경계 속 묵묵히 걸어 자동차에 올라 곧 경성으로 향하였다. 이 관련 신문사 사진물은 전부 압수당하였다.

　도산은 치안유지법 위반이란 죄명으로 유치장에서 취조 받게 되었다. 경기도 경찰부의 유치장에 든 도산은 1개월여 취조 받고 서대문 감옥으로 넘어갔다. 도산이 감옥 가는 날 새벽 재판소 뜰에는 남녀 동지와 친지 등 백여 명이 모였다. 이때는 이러한 자리도 경찰의 요시찰 명부에 오를 만하기 때문에 위험한 일이었다.

　도산은 1심에서 4년형 받았으나 상소권 포기하고 복역하였다. 도산의 재판 비용은 김성수 등 친우가 대었고, 이강의 부처가 일부러 감옥 옆으로 이사 와서 조석 들였다. 도산은 1년 후 대전 감옥으로 옮겨졌다.

도산이 4개월의 형기 남기고 대전 감옥 복역 중 가출옥 된 것은 1935년 봄이었다. 심한 소화불량과 열악 환경의 감옥생활로 그의 몸은 몹시 상해 있었다. 그런데 도산은 날마다 자기 감방 깨끗이 소제하기로 유명하였다.

도산이 상해에서 잡힌 것이 54세, 대전 감옥에서 나온 것이 58세, 서대문 감옥에서 병이 심해져서 경성대학병원으로 나온 것이 60세, 다음 해 4월에 그 병원에서 별세한 것이 환갑인 61세, 향년 59세 5개월이었다. 그가 마지막으로 비교적 자유롭게 조국 산천 바라본 것은 2개년이었다.

도산이 대전 감옥에서 나온 때는 추웠다. 상해에서부터 도산에 사랑과 신임받던 유상규 의사는 경성의학 전문병원에 병실 잡고 그리로 도산 모시려 했으나 도산은 그 호의 아니 받고 김병찬 여관에 투숙하였다. 출옥 당시 그의 용모는 못 알아볼 만큼 부었고 또 그 때문인지 무표정해 보였다.

도산이 들어있는 여관은 도산 찾는 사람으로 현관에 신이 그득했고, 객실은 만원이었다. 동아일보, 조선일보 등 민간지는 당시 경찰 법규상 도산의 동정만 조그맣게 보도할 뿐이었지만 도산의 출옥은 전국에 보도되었다. 신민회 이래의 동지나 도산과 면 없던 사람까지도 경찰 눈 의식하며 여관으로 찾아 왔다. 도산은 일일이 이들 접대하였다.

일본 관헌은 도산에 근신 않는다고 자주 경고 하였고, 경무국장, 정무총감, 총독과 대면 있음을 지인 통해 얘기해 주었다. 그러나 도산은 '당국자와 면회할 일 없다'며 거절 뜻 표하였다. 이는 일본 관헌의 감정 상하게 하는 일이었다.

도산은 서울 떠나 맏형 안치호의 집 방문하고 잠시 온천에 요양 차 있었는데 매일 많은 방문객이 찾아오자 경찰은 그곳 여관까지 투숙객 검문하여 트집 잡았다. 하루는 그 용강온천에서 30리쯤 떨어진 곳에 사는 김씨가 도산 초대하였다. 도산과 지인들은 자동차 세 대에 나누어 타고 김씨 동리 찾았다. 수많은 사람들이 길가에 도열했고 도산 일행은 자주 정거하였다. 군중 속 노인과 부녀자들 중에는 엎드려 우는 이도 많았다. 그들은 도산이 다시 차에 올라서 멀리 사라질 때까지 꼼짝 않고 바라보았다.

차가 김씨 집에 닿았을 때는 수백 명 촌민이 환영하였으나 경관에 해산 당하여 담 너머에서 머리만 내밀어 지켜보는 처지였다.

도산은 전라도와 경상도 시찰하고 다음에 평안북도 돌았다. 가는 데마다 동포는 정성으로 이 민족적 위인 환영하였으나 일본관헌은 이 언짢게 여겼다. 한국 민족에 한국 역사 잊게 하고. 조상 잊게 하고, 그 대신 일본 역사를 제 역사로, 일본 조상을 제 조상으로 아는 일본인 되기 바랐던 것이다. 실로 오만방자한 망상이었다. 일본 관헌은 도산이 국내 순회 중인 때 여러 제한 가했다.

첫째, 도산의 말 듣는 회합 금했다.
둘째, 도산 포함 20인 이상의 회식 금했다.

도산은 동포에 폐 될 것 근심하여 국내 순회 거두게 되었다. 그리고 강서 대보산(大寶山) 송태에 집 짓고 거기에 머물렀다. 그 집은 도산이 농가 건축의 모범 시안으로 설계한 것이고 친히 공사 감독하였으나 목수가 잘 알아듣지 못하여 퍽 고생하며 지은 집이다.

도산이 송태에 들어 있을 때도 일본 관헌은 그 괴롭혔다. 거의 매일 경관이 올뿐더러 일일이 도산 찾는 사람들 검문하였다. 그러자 일부 청년들은 대보산 등산 핑계로 큰길 피해 오기도 하였다. 청년들은 도산에 뭘 묻기도 하고 또 안목 꺼려서 도산 물끄러미 바라보거나, 도산이 하는 일 묵묵히 거들고 돌아갔다. 부인들은 몇 명씩 음식 만들어 오기도 하였다. 송태로 오는 버스 편은 늘 붐볐다.

그런데 송태 찾은 사람들은 도산에게서 반드시 무엇 하나라도 얻어 갔다. 일본 관헌이 이 모를 리 없었다. 그래서 신사참배 문제로 평양서교회와 숭실학교의 존폐 문제가 생겼을 때 도지사 가미우치 시코사쿠는 도산에 미국에 가든지 적어도 평안남도에서 떠나기 권하였다. 그러자 도산은 대담하였다.

"나는 본국 떠날 생각도, 대보산 떠날 생각도 없다."

지나사변이 나던 1937년 5월 초, 모씨는 동우회 관한 도산 지시 들으려 송태로 갔다. 그때는 이미 미나미 지로가 총독으로 와서 국체명징(國體明徵)이란 것 내걸고 이른바 내선일체(內鮮一體) 강조하여 이에 아니 응하는 조선인에 탄압할 것 선언하였고, 예수교에는 신사참배와 선교사 배척 강요하고, 기존에 인정하던 기타 약간의 언론자유, 집회결사자유의 인정 정책 고쳐 일체의 민족주의, 자유주의의 말살 정책에 착수하였다. 이로써 동우회가 문제 된 것이다.

애초에 수양동우회는 정치단체 아닌 인격수양 단체로서 사이토 총독 시대에 일본 관헌의 양해 얻었었다. 이후 동우회는 일체 정치에 참가 않았다. 신간회 결성 당시에도 동우회의 태도 관해 논의 있었으나 인격수양이야말로 우리 민족 만사의 기초라는 견지에서 신간회에 가입 아니하고 동우회원 개인으로서의 정치단체 참가는 문제없다고 하였었다. 또 회우의 거의 전부가 배일적이요, 독립 희망하여 독립운동에 참가한 것도 알고 있었

지만 허가한 것이다. 그 이유로는,

첫째, 미나미 지로가 총독으로 오기 전까지 일본은 조선인을 별도 민족으로 생각하는 것 허락하고 있었다. 예들면 동아일보 표상이 '조선민족의 표현기관'이라는 것도 공공연히 허락하였고, 신간회(1927년 민족주의와 사회주의가 제휴하여 창립한 민족운동단체)도 허락한 것 등이다. 미나미 지로가 오기까지는 학교에서 조선어 수업도 허락하였고 따라서 조선의 고유문화도 인정하였다. 아직 조선민의 일본민화 시도 아니 하였던 것이다.

둘째, 당시 일본이 조선 정책의 중축으로 삼은 것은 조선 내 치안유지였다. 일본은 3·1운동 직후 조선민심 대해 휴화산 정도로 보았다. 가끔 있는 폭탄사건은 일본 관헌에 매우 예민 문제였다. 비록 민족독립운동자일지라도 잠자코 있다면 다행으로 여겼다. 그리고 서서히 조선이 일본에서 분리될 수 없도록 공작하려는 것이었다.

그러나 국체명징이란 간판 걸고 등장한 미나미 지로는 종래의 정책 갈아엎고 한민족의 일본화 시도한 것이다. 미나미 지로는 이 목적의 실현 위해 신사참배, 일본어 상용화도 시도했다. 예수교·불교·천주교 신자도 신사참배는 그 존재의 제1 자격이었다. 평양 목사 주기철은 이 불응으로 옥사하여 순교자 되었다.

일본어 상용화란 관공서나 공식 회합에서 한국어 쓰기 금하고 일본어 쓰게 하는 것이었다. 일본말 알 만한 사람이 한국어 썼다하여 면직당하거나 한국말 쓰는 아동이 타살되기까지 하였다. 정학, 제명은 다반사였다. 인쇄물에 한국 역사나 민족적 위인 언급하면 삭제 당하였다. 그 말기에는 퇴계, 율곡 같은 학자의 사진까지도 철거되었다. 그들은 한국의 반만년 역사 아주 말살하고 경술 합병 시에 비로소 생겨난 민족처럼 취급하려 하였다. 초중등학교에서 조선어는 폐지되었다.

동우회가 총 검거 당한 것은 지나사변의 1937년 7월보다 앞섰으니 일본 관헌은 몇 달 전부터 동우회에 불만 시작하였다. 이 위기인 때에 모씨가 대보산의 도산 찾은 것이다. 도산은 소화불량으로 매우 초췌 상태였으나 미완성의 정원 혼자 고르고 있었다. 마침, 녹음에 꾀꼬리나 다른 새들이 울었다.

도산은 모씨의 시국 관한 얘기 듣고도 아무 대답 없이 다만 모씨가 더 머물도록 만류할 뿐이었다. 모씨가 일주일간 송태에 묵는 동안에도 평양 등에서 6,7명의 동지가 찾아와 시국담하고 장래 논의했으나 도산은 듣고만 있는 때 많았다.

어느 날 저녁, 도산은 찾아 온 몇 동지와 고개턱 잔디에서 밤 경치 바라보고 있었다. 이 날 하늘은 실로 장관이었다. 금성, 상현달, 목성이 한 줄로 늘어서고, 가운데 스콜피온 별이 불덩 어리처럼 빛났다. 화성도 붉은 빛 발하면서 그 뒤 따랐다. 세상에 곧 큰일 생길 것 같다는 얘기가 나왔다. 미나미 지로의 강압정책에 조선 민심이 동요된단 얘기도 나왔다. 그러나 도산은 밤 이슥하도록 침묵하였다.

도산은 이튿날 모씨에게 5월 20일에 상경할 터이니 이사회 소집할 것 말하였다. 그런데 이사회 소집에 문제가 생겼다. 종로서에서 소집통지서나 집회 용어 모두 일본어로 할 것 조건했기 때문이다. 동우회의 이사장은 일본말에 능통 않은 이사 있다며 한국어 쓰기 간청했으나 거절당하였다.

이로써 5월 20일에 상경하겠다던 도산은 심한 소화불량 이외 건강악화로 누워 지내다가 6월 중순에 잡혀왔다. 동우회 관계자는 모두 유치장에 갇힌 것이다. 경성지방법원 검사가 도산 문초하였다.

"지금까지 뭘 잘못하였는지 아느냐?"
"지금까지 동우회나 기타에서 잘못한 일이 없다."

"세상에 나가면 뭘 하겠느냐?"
"세상에 나가서 뭘 할 건지 말할 게 없다."

"너는 독립운동 계속할 것이냐?"

"그렇다. 나는 밥 먹는 것도 대한 독립 위하여, 잠자는 것도 대한 독립 위하여 해왔다. 이것은 내 몸 사라질 때까지 변함없을 것이다."

"너는 조선 독립이 가능하다고 보느냐?"
"나는 대한 독립은 반드시 된다고 믿는다."

"무엇으로 그리 믿느냐?"
"대한 민족 전체가 대한 독립 믿으니 대한이 독립될 것이요, 세계 공의가 대한 독립 원하니 대한이 독립될 것이요, 하늘이 대한 독립 명하니 대한은 반드시 독립될 것이다."

"너는 일본의 실력 모르느냐?"
"나는 일본 실력 잘 안다. 지금 아시아에서 가장 강한 무력 가졌다. 나는 일본이 그 강한 무력만치 도덕도 겸하여 가지길 동양인의 명예 위해 원한다. 나는 진정 일본이 망하기 원 않으며, 좋은 나라 되기 원한다. 이웃인 대한 나라 유린하는 것은 결코 일본에 이익 아니 될 것이다. 원한 품은 2천만을 억지로 일본에 포함시키는 것보다 우정 있는 이웃 국민으로 두는 게 일본에게도 복일 것이다. 대한 독립의 주장은 동양 평화와 일본 복리까지 위하는 일이다."

일본은 구속된 피고인들에 '동우회는 흥사단과 동일 조직으로서 조선의 독립 목표한다'는 답변 강요하고 그 결과 가지고 상해의 흥사단 원동 지부에도 자진 해산한다는 성명 발표케 강제하였다. 이 사건은 검거, 공판, 판결까지 일체 신문보도 금하였다. 민족운동의 최후 사건으로 도산과 많은 저명인사들이 포함되어 있으니 민심에 줄 영향 꺼린 것이다. 이 사건 관계자 중에는 악형 받은 사람도 많아서 최윤호가 보석 중 죽었고, 김성업은 불구 되었다. 그러나 도산은 악형 가하기에 너무 병약해져 있었다.

  도산은 서대문형무소에서 병이 위중하여서 그해 12월에 경성대학병원으로 보석되었다가 익년 3월에 별세하였다. 도산은 대전 감옥 수감 이래 소화불량 등으로 쇠약해진데다가 급성 폐질환이 온 것이다. 당시 병원에 입원 중이었던 도산 찾는 것은 감옥 갈 작정 하는 것이어서 이때 도산 찾는 이는 드물었다. 다만, 도산의 입원 소식 들은 미국 동지들이 치료비 보내 왔다. 그러나 어떤 이는 엄중 경계 무릅쓰고 병실에 있는 도산 위문하고 식료품이나 금전도 두고 갔다.

  도산의 병상에서 임종까지 지킨 이는 그의 생질 김순원과 청년 박정호였다. 그러나 위험 무릅쓰고 경찰 몰래 외부와 연락한 자는 동우회 사건에서 기소유예 되었던 오씨였다. 조각가 이국전이 도산의 데드마스크 떴으나 경찰에 빼앗기고, 이국전과 그의 선생 김복진은 경찰에 추포 당하였다.

도산은 최후의 날인 3월 9일에도 어디 조용한 곳에서 요양하기 원하였다고 한다. 그 후 얼마 안 있어 도산은 무의식에 빠졌다.

"목인아, 목인아, 네가 큰 죄 지었구나!" (목인 : 한일 합방한 메이지 천왕 일컬음)

도산은 큰 음성으로 몇 번 크게 외쳤다. 그리고 자정 넘어 운명하였다. 머리맡에는 생질 김순원이 있었고, 그는 보전 학생으로서 이듬해에 사상사건으로 검거되어 두 해만에 옥사하였다.

도산이 죽자 도산의 친형, 친매, 질녀 등이 오고, 평양에서는 오윤선, 조만식, 김지간 등이 왔다. 미국 유족에는 전보로 부고 보내고 아무도 오지 말라 하였다. 장례는 경찰의 간섭 심해 장지 결정 못하다가 마침내 동대문 밖 망우리 묘지로 정하고 20인 이내로 참석 허가되어 적막히 장송하였다. 그 뒤에도 경찰은 수 주 동안 파수하여 묘지 출입자 확인하였고 거의 1년간이나 묘지 출입자 감시하였다.

도산의 나이 61세 되는 봄이었다. 그해 음력 10월이면 환갑이었다. 도산은 애국자로, 청년 지도자로 일생 마쳤다. 그가 집안 위해 생업에 종사한 것은 모두 1년 반 가량이었으니, 반년은 미국 캘리포니아 주 과수원 관개공사 토목인부로 일했고, 약 1년은 로스앤젤레스 미국인 여관 소제 인부로 있었다. 도산이 국민회장으로 추대되어 이 여관 떠날 때에 주인이 "그대가 우리 집 일 잘 보아 주었으니 한 소원 들어주겠소." 하자 도산은 "나 일하던 자리에 한국인 들여 주오." 하여 그 여관에서는 아직 그 자리에 한국인 둔다고 한다.

도산은 오직 대한 나라 사랑하다 죽었다. 고래로 이처럼 한 가지 일에 오롯이 전생 바친 이 있을까? 얼른 보면 도산 인생은 실패로 보인다. 그러나 그의 안중에는 성공도 실패도, 노고와 공로도 없었다. 오직 애국애족으로 일념한 일생의 노고만 있었다. 그는 우리 민족에 참된 애국심 심어주고 민족의 진로 밝혀 주었다. 그리고 온 몸으로 애국자의 본 보여 주었다.

제2부

상애

1 자아형성
2 수양
3 이상촌
4 흥사단
5 동지애
6 인류애

1 / 자아 형성

건국의 오늘에서 '도산이 지금 살아 있었으면' 하는 말 자주 듣는다. 큰일 맡을 사람이 적다는 한탄이거니와 도산 대해 제대로 아는 사람이라면 누구나 그렇게 생각할 것이다. 그러나 진정 도산 잘 아는 사람은 몇이나 되는가. 애국지사, 웅변가, 신민회, 청년학우회, 재미 국민회, 흥사단, 상해 대한임시정부 중심인물로서의 도산, 일본 관헌에 잡혀 4년 징역 치르고 출옥 후 2년여 만에 다시 동우회 사건으로 잡혀서 가출옥 중 세상 떠난 도산을 우리 동포로서 모르는 이 드물 것이다.

이 열거된 업적만으로도 도산 안창호는 민족적 위인으로 숭배받기에 부족함 없을 것이다. 육십 평생 집안일과 생업 제대로 돌보지 않고 지사로서 절의 완성한 그요, 공·사 어디든 한 점 비난할 것 없는 그다. 살아있는 자, 이미 죽은 자 모두 도산 원망, 비난할 자는 없을 것이다. 그는 평생에 누구 속인 일 없었고, 누구에 야비하게 군 일 없었다. 그와 접해본 이는 모두 그의 사랑과 도우려는 우정 받았다. 이만 하여도 그는 현인이요 군자이다.

그러나 도산 안창호가 인생을, 민족을, 국가를 어떻게 생각했으며, 인류평화의 방책은 무엇이며, 그의 문화관, 정치관, 경제관, 연애관, 가정관은 무엇인지 아는 사람은 많지 않다. 그에게 언론 자유가 거의 없었으니 그의 생각이 널리 전하여질 기회 적었기 때문이요, 그의 연설이나 담화 중에서 겨우 그 사상의 편린이 드러났을 뿐이다. 게다가 그 연설도 다만 청중의 마음에 박혔을 뿐이요, 기록된 것은 적으며 친지와의 담화는 더욱 그러하다.

원래 기록문화 부족 사회인데다가 도산의 서간이나 설화 등 필기물 두는 것은 위험한 일이었다. 도산과 만난 일 있다는 것만으로 요시찰 명부에 오르고 도산에 한 끼 식사 대접했단 이유로 유치장에 들어갈 죄목이었던 것이다.

한번이라도 도산 안창호와 말 건네 본 이는 반드시 깊은 인상 받아서 잊을 수 없는, 후세에 전하고 싶은 한두 가지 일이나 말 있을 것이다. 많은 사람들이 외국인 말은 존중하고 제나라 사람 일이나 말은 무시하는 악습 가지고 있다. 이런 악습 아니었다면 도산은 동포 간에 현재보다 몇 배 더 존경받을 것이다.

세상에서 흔히 도산에 무식자라 하고 도산 자신도 그 자처하였지만 사서오경과 제자백가에 능통한 것이 유식이라면 도산은 과연 무식자요, 중학, 대학 차례로 졸업하고 학사, 박사 학위 못 가진 것이 무식이라면 도산은 문제없이 무식자이다. 그러나 우주와 인생의 대도(大道) 꿰뚫고, 국가와 사회 관한 이론과 실제에서 막힘 없는 것이 유식이라면 도산은 지극히 유식자이다.

그의 공부는 독서나 구두로 옮긴 것 아닌, 천지라는 원본, 국가나 사회라는 원본에서 터득한 것이다. 그의 지식은 남의 두

뇌와 언어 통해 전해진 것 아니요, 직접 자기 관찰과 추리로 도달한 독창적인 것이다. 사진에 비긴다면 복제 사진 아닌, 도산이 직접 찍은 원판이다.

도산은 매일 동포 지도에 분주하면서도 여력 있는 대로 독서하였으나 독서는 다만 자기 것과의 대조에 불과하였다. 이러한 도산의 지식에는 도산의 피 통하고 있어서 그 지식은 감정과 의지 동력 구비한 생 지식이었다. 알기만하고 가만히 있을 수 있는 죽은 지식 아닌, 그 아니 행하고 못 견디는 산지식이었다.

도산의 말이나 의견이 힘 있고 또 그가 지행합일 일생 보낸 것은 그 이유인 것이다. 예들어 그의 국가와 극장 관계 설명하는 것 들으면 배운 이론이지만 금시초문의 강렬 인상주어 극장이란 꼭 필요한 것이며 어찌해야 된다는 굳은 신념 일으켜 주는 것이다. 책 속 지식이 물고기 그림이라면 그의 지식은 물고기 그 자체였다.

이처럼 지성으로 터득한 지식을 지성으로 설복하는 곳에 그의 확신이 있었고 감화력이 있었는데, 이는 그의 말 듣는 사람 마음속에 낙인같이 파고들어 그 마음에 변질작용 일으키고야 마는 것이다. 신민회, 청년학우회, 국민회, 흥사단 등 동지가 수십 년 후에도 그 의(義) 아니 변하는 이유가 이것이니 도산보다 선배이거나 동년배일지라도 늙어 죽을 때까지 도산을 선생으로 여기는 심정이 계속 남아있는 것이다.

도산을 인격자라 하거니와 그 인격의 본질은 쉬지 않는 노력이요, 수양이었다. 그의 평생을 철두철미, 근엄(謹嚴)으로 평할 수 있을 만큼 그는 한가히 지내거나 방자하는 일 없었다. 그의 지인이라면 그가 크게 성내거나 기뻐하거나 근심하는 모습 본 기억 없을 것이다. 그의 언행에는 언제나 예절과 배려와 자제가 있었다. 이른바 '무심코'는 없었다. 그는 마침 신병 있거나 피로한 때는 사람 대하기 피하였고, 부득이 접견하더라도 한담에 그치고 책임 있는 말 아니하였다.

그는 연설이나 회의에서 의견 펼 상황이면 자기 의견에 반대하여 보고, 보충·절충도 해보아서 더 이상 변수 없다는 확신 없으면 발언 아니 하였다. 그러므로 한번 발언된 그의 의견은 여러 반대 있더라도 언제나 예비 답변 있었고, 도저히 그 의견 깨뜨릴 수 없었다.

도산은 도덕 관점도 독창적이었다. 그는 유교 경전도, 성경도 읽었지만 어느 한곳에 아니 기울었다. 그는 무슨 도덕률이든 자신의 양심이나 이성의 비판 거쳐 자신의 도덕률에 편입하는 것이다. 그는 복장에서부터, 식사, 거처에서도 모두 자율적 준거(準據) 있었다. 그러나 이는 고지식 도덕가의 모습은 아니었다.

그는 도덕이 인생 위해 있는 것이지, 인생이 도덕 위해 있지 아니하며, 도덕이란 개인의 생리적, 심리적 자연 인성에 합치

되어야 하고, 사회 일원으로서 공동체의 약속과 복리에 위반됨 없는 것이라고 믿었다. 동시에 도덕은 예의 아니면 발할 수 없고, 예의는 반복된 실행으로 닦은 습관 아니면 자리 잡을 수 없다고 보았다. 또한 도덕은 기예 습득과 마찬가지로 학습의 괴로움 있으나 습득된 뒤는 평안함 있다는 것 알았다.

그는 일상에서 예(禮) 수련 쌓았다. 평소 몸 단정히 하는 습관 있었다. 그는 앉을 때나 설 때에 늘 바른 자세 유지했다. 걸을 때에도 일률적 팔다리 흔들고 고개는 똑바로 자연스레 유지했다. 이는 생리학적 좋을 뿐 아니라 심리학적 마음 다잡는 데도 효과 있다고 그는 말하였다.

도산의 일거일동(一擧一動)은 이런 수련의 결과였다. 그의 발음은 분명하고, 말하는 속도와 음량은 적절하였다. 그에는 차 한 잔 마실 때도 수련의 자취 있었다. 이렇게 반성과 수련이 쉬지 아니하므로 도산은 날마다 새롭고, 날마다 무엇이 더해졌다.

그런데 도산의 이 끊임없는 수련의 동기와 그 목표는 무엇인가? 그것은 바로 '우리 민족 위해서'이다. 도산은 민족 운명은 힘으로 결정되는 것이라고 말하였다. 그 힘은 민족 각 개인의 덕력(德力), 체력(體力), 지력(智力)의 총화란 것이다. 정치력, 경제력, 병력 같은 것은 필경 이 개인 힘의 조직이요, 결과란 것이다.

"자연계의 모든 현상이 힘의 인과관계요, 사람 일의 흥망성쇠도 힘의 인과이니, 우리가 망한 것은 우리 민족 개인에 힘이 부족한 까닭이요. 따라서 우리나라가 독립하여 이 빛나게 유지하는 것도 우리 힘, 즉 민족 각자가 힘 양성하여 조직하는 길밖에 없는 것이오.

자연계에 결코 우연이 없는 모양으로 인류역사도 결코 우연이 없으니 우리가 우연이라고 보는 것은 다만 우리의 무지에서 나오는 것이오."

"기회란 힘 있는 자에는 언제나 오는 것이나, 힘없는 자에는 기회도 소용없는 것이오. 청일전쟁 결과로 한국에 독립 오지 않았소? 그런데 우리는 그 독립 못 지키지 않았소? 세계대전 또한 좋은 기회였으나 우린 그 기회 우리 것으로 만들 힘 없었소. 그러니 그 원통히 여겨 이제부터 우리 각자는 자신 교육하고 수련하여 다음 기회 꼭 잡도록 준비해야하는 것이오."

"경술국치 이래 우리는 언제나 싸우자, 싸우자 하였소. 그러나 싸울 힘 기르는 일은 아니하였소. 그러기에 언제까지나 싸우자는 소리뿐이요, 진짜 싸우는 일은 없었소."

도산은 이처럼 독립은 각 개인의 힘과 그 조직에 달렸다고 믿었기에 독립은 일단 각자의 자아혁신에 있다고 단정하였다. 그러므로 민족 각인의 첫째 의무는 덕, 체, 지 꾸준히 수양하여 자기가 먼저 일개 독립된 국민의 자격, 역량 구비해야 한다는 것이다. 그러므로 도산의 끊임없는 자기 수련은 자기 위함 아닌, 민족과 국가 위함이었다. 민족과 국가를 바로 세우는 것이 그의 생활동기요 목표였다.

  민족 떠나서 개인 상상할 수 없고, 민족 위하는 일 떠나서 개인 사업에서 행복할 수 없다는 것이다. 그 관점에서 보면 예수는 유태족 위해, 소크라테스는 아테네 시민 위해 수련 · 설교 · 생활하였고 죽은 것이었다. 도산은 말하였다.

"개인은 제 민족 위해 일함으로써 인류와 하늘에 의무 수행하는 것이오. 한인으로서 할 일은 한인 위하는 것이오. 한인의 말 들을 자는 한인이요, 한인에 도움 구할 자도 한인이오. 타국인은 한인의 말 · 도움 아니 구하오. 그러므로 제 민족 두고 세계주의 운운하는 것은 제 국토 잃은 유랑민족이나 할 일이오."

"내 소리 들리는 범위 위하여 말하고, 내 손 닿은 범위 위하여 사랑하고 돕고 일할 것이오. 이것이 인생의 바른 길이오."

  도산은 이렇게 자아혁신 시작하였고 실천하였다. 그는 자아혁신 기초를 도덕적 개조에 두었다. 그는 어떤 식으로 자아혁신 대업 이룰까 함에도 민족성 분석, 즉 자아반성 방법 취하였다. 우리 민족이 쇠퇴하여 옛 영광 문화 잃어버리고, 반만년 계승된 국맥까지 끊어지게 한 것은 우리 민족의 타락이 그 원인이라는 것이다. 그가 첫째로 발견한 것은 우리 민족이 허위폐습에 젖어있다는 것이다.

'거짓말', '거짓행실'

그는 이것이 우리 민족 쇠퇴케 하고 망국민이란 수치 안겨준 근본 원인임 황연히 깨달았다. 가정에서 자녀에 어릴 때부터 거짓말 가르치고, 임기응변의 거짓말 잘하는 사람 가리켜 똑똑하다거나 잘났다고 하였다. 우리 사회는 서로 믿지 않게 되었다. '말로는 그러더라마는', '사람 말 믿을 수 있나' 등 남의 말 잘 안 믿는 것이 지혜인 것으로 되어 있었다. 그러니 서로 의심, 억측하여 단결 되지 못한 것이다.

그는 말하였다. 김옥균, 박영효 등의 갑신정변 이래 만민공동회, 독립협회 등 여러 결사운동 있었으나 어느 것이든 3년 명맥 유지 못했는데, 그 주요 원인은 거짓말이며, 이 인해 서로 믿지 못하였음이라고.

"어떤 민족이 단결 못 될 지경이라면 그 민족은 벌써 국민 될 자격 없는 것이다."

"중국 국민도 근대에 타락하여 허위 많지만 그래도 그들은 상업에서 신용 지킨다. 그러니 그들은 저 남양제도와 북아메리카까지 상권 장악하였지만, 우리 민족은 상업계 신용까지 잃어버렸다. 민족 내 신용 없이 어찌 상공업이 발달되며, 상공업 발달 없이 어찌 우리가 빈곤 면하고 부강할 수 있으랴. 민족 내 상호 신용 없이 어찌 국제적 신용 넓힐 수 있으며, 국제적 신용 없이 어찌 우리민족 자존인들 보장할 수 있으랴."

"아아! 거짓이여, 너는 내 나라 죽인 원수로구나. 임금과 아비의 원수는 불공대천(不共戴天)이라 하였으니 내 평생 죽어도 거짓말 아니 하리라."

그는 마음속 거짓 박멸을 독립운동 삼았고, 조국에의 가장 신성 의무로 보았다. 또 우리나라 사람은 일상에서 거짓과 친하기에 '다른 민족도 다 이러려니, 사람이란 본래 이러려니' 생각한다는 것이다. 도산은 이런 이들에 이리 말하였다.

"그럴 리 있소? 영국인이 우리처럼 거짓 많을 진대 영국도 우리처럼 망했을 것이오. 거짓 많은 국민이 아니 망한 경우 어디 있으며, 거짓 많은 채 부흥한 국민이 어디 있겠소?"

"우리 민족이 거짓에서 벗어나는 날이 곧 쇠망의 비운에서 벗어나는 날이요, 외국인이 한인 신뢰하게 되는 날이 곧 우리 민족이 창성 시작하는 날 될 것이오."

도산이 찾은 우리 민족 타락 둘째 원인은 '입'이었다. 공론이요, 남 비판이었다. 빈말로 떠들고 실행 없는 것이다. 저는 아무것도 아니하면서 뭘 하고 있는 남 비판하는 것이다. 도산은 극언하였다. 조선 5백년 역사는 공론 역사였다고, 그러하니 조선 5백년 역사에 경제적·문화적 유산 적고, 갑론을박, 무고, 탄핵, 비방, 살육 기록만 있을 뿐이라고. 공론에서 나올 필연 산물은 쟁의와 권모술수뿐이라고.

"공론가에 한 특징이 있으니 남에게 책임 미루는 것이오. 제 잘못 제쳐두고 남에게 잘하라고 요구하는 것이오. 저는 아무 한 것 없으니 책임 없다며 제 잘못은 제쳐두고, 남이 애써 한 것에는 왜 더 잘 못했냐고, 그래서 쓰겠냐고 질책하는 것이오. 모든 죄과는 그 일한 남에 있고 저는 권외에서 흠담하는 사람쯤으로 안다는 것이오."

도산은 경술국치 때도 이렇게 말하였다.

"우리나라 망하게 한 것은 일본도 아니요, 이완용도 아니요. 그러면 그 책임자가 누구요? 내 자신이오. 내가 왜 일본으로 하여금 내 조국에 조아(爪牙) 박게 하였으며, 내가 왜 이완용에 조국 팔기 허용하였소? 그러므로 망국 책임자는 곧 나 자신이오."

"우리 민족 각자가 한국은 내 것이요, 한국 흥망이 내게 달렸다고 자각하는 때에 비로소 민족 부흥의 여명이 다가오는 것이오."

"자손은 조상 원망하고, 후배는 선배 원망하여, 우리 민족의 불행 책임을 자기 외로 돌리려고 하니 대관절 당신은 왜 못하고 남만 책망하시오. 우리나라가 독립 못되는 것이 '아아, 내 책임이로구나' 왜 가슴 치며 아프게 뉘우칠 생각 않고 어찌 그놈이 죽일 놈이요, 저놈이 죽일 놈이라며 당신은 가만히 계시오? 왜 내가 죽일 놈이라고 깨닫지 못하시오?"

도산은 상해에서 기미 당시 이렇게 부르짖으며 동포가 서로 시기하는 것 경계하였다. 책임전가는 비굴함이요. 민족 분열의 원인이란 것이다. 이처럼 그는 거짓과 공론이 우리 민족의 큰

결함인 것 간파하고 그 악습 제거키로 결심한 것이다. 그 대책은 바로 참에 힘쓰고 실천에 힘쓰자는 것이니, 곧 건전인격 제일론이요, '무실역행(務實力行)'이다.

"일상에서 거짓 없이 참되고, 또 말보다 실천으로 습관 만든다면, 그 습관은 곧 성품 이루는 것이니 이 갖춘 자는 참된 자궁의 성실 도덕인 되는 것이고, 밖으로는 주위에서 존경과 신임 받아 능히 그들도 믿고 따르니, 이 지경이 깊어지면 지성 되는 것이라, 지성의 인격은 곧 성인 경지인 것이다."

"지성이면 감천이거니와 신과 사람 감동시키는 힘은 결코 언변이나 물질에 있지 않으니, 지성의 사람은 무언 중에도 능히 사람 움직이는 힘 가지는 것이다. 그러니 나 하나 성실 사람인 것만으로 벌써 민족 힘 증가되는 것이다. 그렇다면 진정 애국자일진대 먼저 저 수련하여 스스로 지성인 되도록 할 것이다. 제가 지성 아닌 상태로는 어떤 교묘 말과 지혜도 결코 국가와 민족 위함 아니다."

"그대는 이 나라 사랑하는가? 그렇거든 먼저 그대가 건전 인격자 되라. 중생의 질고 어여삐 여기거든 그대가 먼저 의사 되라. 의사까지는 못되더라도 그대 병부터 고쳐 건전인 되라."

"잃었던 국권과 쇠퇴한 민족의 운세 회복은 소원 중 소원이지만, 이 달성에는 큰 힘 필요하니 민족이 가장 큰 힘 발하는 길은 오직 하나, 민족 각인이 자신의 인격 건전히 하는 것이다. 만일, 민족 전체가 다 건전 인격자 되었다면 나아가는데 당할 자 없을 것이요, 못할 일 없을 것이나 이것은 오직 오랜 세월 쉬지 않는 노력으로만 달할 것이어서 성급 생각으로 백년하청 감 없지 아니하다. '이래 가지고 언제?'라는 성급자도 있을 것이다."

"민족 전체가 이러한 건전 인격 완성하기까지는 많은 계단 있을 것이니, 민족 천분의 1이 백분의 1되는 식으로 건전 인격자 수와 전체 인구의 비례관계가 증가되면 건전 인격자 수와 민족 역량이 증대되고, 따라서 민족 역량 증대 따라 건전 인격자의 증가율도 가속도로 촉진될 것이다. 또한 한 건전 인격주의자가 끊임없이 한 사람씩 동지로 끌어 온다면 건전 인격자 수는 기하급수적 늘어날 것이다."

이러한 추리로 도산 안창호는 우리 민족을 이상적 완전 민족으로 향상시킬 수 있음 확신하였다. 그가 40년 전 국내에서 청년학우회와 미국에서 흥사단 조직한 것은 실로 이 최고 민족완성운동의 출발이었다. 도산이 1935년 봄, 4년 징역형 중 3개월

앞서 대전감옥에서 가출옥되어 몇 개 월 요양 후 곧 영남, 호남, 관서 땅 순회한 데는 두 가지 목적 있었으니, 하나는 조국 강산과 민심 살피는 것이요, 둘은 널리 동지 구하는 것이었다.

도산은 자아혁신, 민족혁신의 두 표어 내걸고 동포들 뜻 물었다. 이 표어는 일본 관헌 눈 피하려는 가장 어구 아니었다. 이 두 마디 속에 도산의 민족운동 이념 전체가 포괄되어 있는 것이다. 왜냐면, 민족 각인 자아가 허위에서 성실로, 이기에서 애국애족으로, 시기 배척에서 상부상조로, 편의생활에서 목표의식으로, 개인생활에서 단체 단결로 혁신 아니 되고는 민족이 무신용에서 신용으로, 상극에서 화합으로, 무력에서 유력으로 혁신될 수 없고, 또 이 혁신 없이는 도저히 국가독립이나 민족 번영 이룰 수 없겠기 때문이다.

"예나 이제나 우리나라에 인물 부족하다는 한탄소리 나오는데 왜 인물 없겠는가? 이는 우리나라에 인물 되겠다고 마음먹고 힘쓰는 이 없기 때문이다. 인물 없다고 한탄하는 그대는 왜 스스로 인물 될 공부 아니 하는가?"

"집 지으려는데 재목 없다면 그 재목은 외국에서 사들일 수 있다. 그런데 나라 세우려는 데 사람 없다면 그 사람은 외국에서 사들일 수 없으니 아무리 세월 걸리고 힘들더라도 양성할 도리밖에 없다. 학교는 인재 양성 위한 모종밭이지만 정말 인물 되고 안 되고는 제게 달렸다."

"그러므로 우리나라에서 인물 많이 나오는 길은 오직 하나다. 그것은 저마다 인물 될 결심 굳게 하고 공부하는 것이다. 저마다 성인 목적하여 인격 수양하는 것이다. 저마다 한 국민 구실 자격 갖기 위해 덕, 체, 지 수양하는 것이다. 이 길밖에 없다. 더구나 모든 면에서 열강에 뒤떨어지고 빈천자인 우리로서는 남이 하나 하면 나는 열 한다는 기개로 방법 강구 않으면 안 된다. 온도계로 따져서 영하 눈금으로 떨어진 우리 민족 신용을 성실과 열의로 비등점까지 아니 끌어올리고는 도저히 우리는 국제적 존경받는 유력 평등 일원 될 수 없는 것이다."

도산은 부득 경우 외는 표면에 나서서 지도자 칭호 아니 가졌다. 그는 아메리카에서 국민회 세웠으되 그 회장 기간은 잠깐이었고, 합병 전 본국에서 신민회와 청년학우회 조직하였으되 이면에 머물렀고, 대성학교 세웠으되 교장 아니 되었다. 상해에서도 그는 모든 상석에 이승만 박사 추존하고 밀었다. 도산은 1937년 동우회 사건으로 잡혔을 때 검사의 물음에 다음 같이 답변하였다.

"너는 민족운동 그만둘 생각 없느냐?"

"그만둘 수 없다. 나는 평생에 밥 먹는 것도 민족 위하여서요, 잠자는 것도 민족 위하여서이다. 내가 숨 쉬는 동안 나는 민족운동 하는 사람이다."

도산의 이 대답은 결코 꾸민 것, 뽐낸 것 아니다. 도산은 적 앞에서도 침묵할지언정 거짓해선 안 된다는 주장이요, 과장도 거짓이란 주장이다. 도산은 임기응변의 권모술수 미워하고 능히 못 행하는 사람이었다. 도산의 '밥 먹기도, 잠 자기도 민족 위해'의 심경은 60평생 애국자공부, 애국자 실천 생활이 습성 되어진 당연 결과의 발언이었다. 그가 질병과 쇠약으로 몇 차례 의약치료 받은 것은 조금이라도 더 힘 있게, 더 오래 민족 위하여 일하자는 뜻이지, 생명에의 동물적 애착만은 아니었다.

말 한 마디면 죄 면할 수도 있었던 상황에서 자신의 소신 솔직히 표명하고 옥고 그냥 받은 것만 보아도 그가 일신의 생사고락 염두 아니하는 이인 것 알 것이다. 이러한 심경은 도산의 40년 쉬지 않은 수련으로 생성된 결과이지, 결코 우연 아닌 것이다.

도산 안창호는 갔다. 1938년 도산은 그렇게도 사랑하는 대한 나라 버리고 동대문 밖 망우리 묘지에 하나의 분토로 남았다.

장사 후 수개월 동안 양주 경찰서원은 묘지 입구에서 파수하며 그 출입자 일일이 심문하였다. 일본 제국은 그의 죽음 후까지 그 두려워하였던 것이다. 이 점에서 그들은 제대로 실상 본 것이다. 그런데 이는 일개 안창호의 마음 아닌 안창호의 마음 통하여 대한민족의 마음 본 것이다. 지금은 도산이 자유로이 동포에 말할 수 있고, 동포도 자유로이 그 애모하고 따를 수 있게 되었다.

'그러나 정작 도산은 없구나!'

이에 우리는 도산에서 보고 들은 바 기록하여 동포에 전하려는 것이다. 우리는 믿는다. 도산이 대한의 국토와 민족 위해 뿌린 그 피와 정성의 씨앗은 반드시 무성히 생장하리라고, 반드시 우리나라에 수많은 도산이 생기리라고. 저 버리고 거짓 버린 참된 애국자가 저 청소년 남녀 중에 헤아릴 수 없이 많이 나타나서 도산의 평생 소원이던 최고 민족 완성 날이 나날이 가까워지리라고.

2
/
수
양

도산 안창호가 태어난 곳은 대동강 하류 섬 중 하나인 도롱섬이다. 안씨들은 평양 동촌에 십수 호 모여 살고 있었다. 도산이 대전 감옥 출옥 후 이 고장 찾았을 때는 망건이나 관 쓴 노인들이 도산 맞았다. 젊은 사람들은 도산이 고국 떠난 뒤에 났기에 그의 얼굴 잘 몰랐다. 노인들은 대개 도산 보다 위 항렬이어서 앉은 대로 도산의 절 받았다. 40년 만에 돌아온 60 바라보는 중노인 안창호는 이날은 한낱 창호였다. 고향에서는 도산의 가치 어느 정도 인정하고 있었는지 의문이었다. 만일 도산이 한문으로 시문 잘 하거나 또 대과 급제하여 수령 방백으로 있었어야 비로소 도산의 가치 인정 아니 하였을까?

그런데 지금 돌아온 노년의 도산은 그들 눈에 금의환향 아니었다. 도산은 죄수였다. 여전히 빈궁 선비였다. 그들이 보이는 정은 다만 혈족 의리일 것이다. 도산은 조상 산소도 찾았다. 차례로 10여기 무덤에 지성으로 절하였다. 그러나 도산은 적막하였다. 오랜만에 돌아온 고향땅에는 반기는 지인도 거의 없었다. 도산은 말없이 귀로 걸었다. 그리고 대동강변의 한 낡은 절 찾았다. 그런데 당도해 보니 구릉의 소나무 숲 속에 터만 남아 있었다. 도산은 이 절에 드나들던 어릴 때 회상하였고 아침, 저녁 종소리가 그리웠다.

절은 바로 물가에 있어서 배타고 대동강 내려온다면 바로 절 앞뜰에 배댈 수 있을 것이다. 때마침 석양이라 소리 없는 강물에는 저녁 햇빛 비치고 물새가 소리하며 날았다.

도산은 차마 떠나기 어려운 듯 몇 일행에게 말하였다. '여기에 집 지어 동지들 수양처로 삼고 싶소.' 그 후에도 도산은 이 곳에 수양처 건설하고 싶다고 말하였었다. 그런데 바로 여기서 엇비슷 맞은편은 만경대라는 유명한 곳이다. 봉우리가 기묘하고 강에 접한 절벽 있으니, 절벽 중턱에는 역시 옛 절터와 샘 있고 그 앞에는 물 깊어서 화륜선이 정박하던 항구였다.

도산의 풍경 사랑은 기벽이라 할만하다. 경치 좋은 곳에 이르면 도산은, '참으로 대한 강산은 편편금이다'며 감상하였다. 그의 풍경 사랑은 곧 국토 사랑이었다. '이 경치가 조국 강산이로구나' 하는 열정이었다. 도산은 우리가 우리 국토의 아름다움 발견하고, 또 보태어 노래하게 되면 우리 민족의 영광도 더해지는 것이라고 하였다. 또한 우리 선인들이 경치 좋은 곳에 사원, 정자 짓고 누각 지은 총명 찬양하였다.

도산은 풍경이 사람 정신에 미치는 영향 중요시 하여 사람이 웅장 풍경 속에 있으면 웅장 기상 생장하고, 우미한 곳에 있으면 또 그러하다고 하였다. 반대로 험악하거나 추한 환경에 있으면 또 그 영향 받는다고 하였다. 그러므로 그는 학교·기숙사의 위치, 건축과 정원의 장식에도 신경 쓰는 것이다.

도산은 금수산 모란봉의 천성 미 사랑하는 동시에 인공으로 그 훼손하는 것 슬퍼하였다. 그는 모란봉 꼭대기의 최승대(最勝臺)는 꼴불견이라 하였고, 모란봉에 키 큰 나무 심어 윤곽 흐리는 것은 무식한 소치라고 하였다. 도산은 모란봉 사랑하여 노래도 지었는데 이런 구절 있다.

금수강산에 뭉친 영기 반 공중에 우뚝 솟아
모란봉이 되었구나 활발 기상 생기는 듯

  도산은 평양의 성중, 중성, 외성은 주택지구로 할 것이라 하고, 공업지구는 보통강 벌에, 상업지구는 선교리에, 그리고 경치 좋은 곳에는 학교 지을 것이라고 하였다. 도산은 평양이 어렸을 때부터 정든 곳인데다 추억 많은 지역인지라 더 평양 사랑하였다. 사실, 도산은 자신이 몸담았던 곳이면 어디든 사랑하였다. 샌프란시스코도, 로스엔젤레스도, 상해나 남경 등도 사랑하였다.
  그는 잠시 세 살더라도 그 집 잘 단장하였다. 깨끗이 쓸고 닦고, 휘장치고, 그림 걸고, 화분 놓고, 화초 심었다. 그래서 상해나 남경에서도 도산의 거처 찾으려면 그 동네에서 가장 잘 가꿔진 집 찾으면 되었다. 도산은 거처 환경이 그 거주자에 영향 주는 동시에 그의 정신 표현이라고 보았다. 그러므로 도산은 의복, 음식은 물론 거처 환경에도 세심히 주의 하는 것이다.

도산은 평양에 전국의 인재 모아 단군과 고구려의 웅장 민족 정신 되살릴 필요 느꼈다. 반만년 전 민족 창업의 대 기개를 조상들의 피와 살로 된 이 강산에서 체득케 하고 싶은 것이다. 그리고는 신 대한의 영웅 양성하자는 것이다. 도산은 태백에 서서 대동강 바라보는 때, 우리 민족 반만년 역사가 눈앞에 나타나는 것이다. 그리고 옛날의 영광 회복하고 못하고는 오직 교육과 민족의 자기 수양에 달렸다고 믿었다. 그는 지난 날 회상하며 비분강개하는 사람이 아니요, 미래 그리고 그 위해 분발 노력하는 사람이었다.

"지금의 우리 민족은 조국의 사명 잊었다. 선민이 가졌던 대기상 잃고 개인과 편당의 고식적 이해에만 매달려 골몰하는 민족 되었다."

노쇠한 도산이 포승된 몸으로 고국에 끌려와 4년 징역형 중 말미에 가출옥되었을 때 도산에는 겨우 여행하는 자유만 주어졌다. 그러나 도산이 하룻밤 묵은 집, 한 끼 밥 먹은 집은 경찰 간섭 받았기에 도산은 동지나 친구 집 머물기 꺼리게 되었고, 도산은 몸 둘 곳 하나 있기 바랐다. 그래서 선택한 것이 평양에서 50리 쯤 되는 곳의 강서군 대보면 대보산(大寶山)의 송태산장이다.

도산이 송태에 애착한 것은 무엇보다 그곳이 선인 은거지였다는 것이다. 신라의 국선같이 고구려에는 조의선인(早衣仙人)이 있었다. 이는 고구려인의 선생이니 오늘날의 박사, 교수, 목사 같은 사람들이다. 신라의 김유신이 몰래 대동강 건너 송태선인에게 도 물었다는 기록도 있다. 을지문덕, 연개소문은 다 조의선인에게서 수학한 것이다. 도산이 송태 선택한 주요 이유는 이곳에 선인 수도장이 있었다는 것이다.

도산은 우선 7,8칸 되는 작은 집 지었다. 동지의 수양처는 힘닿는 대로 건축할 계획이었다. 자신의 거처는 도산의 평생 사업계획 중에 모범 농촌의 농민주택 모형이어서 이는 자신이 직접 설계한 것이다. 한국 가옥 특징 살리고, 부엌과 화장실과 거실은 서로 연결시키고, 편리한 부엌과 지하실 등이었다.

설계뿐 아니라 공사 감독도 도산이 직접 하였다. 도산은 작은 일도 소홀 아니 하여서 목수나 인부가 설계에 어긋나게 공사하는 것 허용 아니 하였다. 너무 세심하고, 너무 잘고, 너무 각박하다할 만큼 자기 설계 고집하였으며 다듬고 미화하였다.

"한번 잘못되면 그 잘못이 언제까지나 남는 것이오. '대충'이 우리나라 망하게 하였소. 우리가 최선한다더라도 최선되기 어렵거든, 얼렁뚱땅으로 어찌 천년대업 이룰 수 있겠소?"

"역사에 관용하는 것은 관용 아닌 무책임한 것이니, 관용하는 자가 일꾼보다 더 큰 죄 짓는 것이오."

"송태 한 구석 잘 꾸미는 것이 곧 국토 잘 꾸미는 것이니, 삼천만 동포가 저마다 제 사는 집과 동리 정화하면 삼천리강산이 정화되는 것이오."

　도산은 자기 소유의 재산 하나 없었고 가지려고도 아니하였다. 그는 오직 조국 위해 전 생애 바치려는 조의선인이었다. 도산은 대전에서 출옥하여 다시 잡혀 갇히기까지 동지, 친우의 도움으로 의식하였거니와 자력 생활하려 여러 궁리하였다. 그 중 한 가지는 사슴농장이었다. 그러나 끝내 수중에 돈 없어 못하였다.
　도산은 생계는 누구에 의지 말고 자활해야 된다고 하였다. 예수교의 사도바울이 장막업한 것이나, 철학자 스피노자가 렌즈 같이한 것이나, 다 같은 심회였다. 도산은 1인1능(一人一能), 각인1업(各人一業) 강조하였고, 흥사단 약법에도 1종 이상의 학술과 기예 익히는 것이 의무였다.
　도산은 일 없어도 한가히 노는 법 없었다. 어디서나 일 찾았고, 그 일은 모두 민족 위한 것이었다. 도산은 송태에 오는 동지와 동포가 개량가옥과 조성된 유쾌 정원 보고 가서 실제 그

흉내 낸다면 그것도 민족사업이라고 하였다.

"작은 일에 충성된 자는 큰 일에도 그러하고, 나 닦는 것이 곧 남 다스리는 일이오."

"작은 절차에 구애 아니 됨도 큰 교훈이지만 이는 남 용서하는데 쓰는 말이지, 자신 단속하는데 썼다가는 큰일 나는 것이오. 일생에서 목숨 아니 걸 일 없고, 난 날부터 죽는 날까지의 숱한 찰나들이 집 버리고 몸 버리는 절대 순간인 것이오."

"애국심 불타는 청년 수행자들이 이 선인도장에 모여 저 잊고 집 잊고, 오직 나라 생각하는 선인 되기로 한다면 얼마나 큰 보람이겠소?"

도산은 일찍이 자기가 선생이니 자신 배우라고 말한 적 없었다. 그러나 그는 스스로 애국자의 사표 될 것 맹세하고 육십 평생 점진 공부한 것은 사실이다. 또 아무리 자신에 부족감 느꼈다더라도 그가 도달한 경지는 흠모하고 따라가기에 충분한 것이다. '점진 공부'는 도산의 수학 태도였다. 그가 50년 전 강서군에 세운 학교 이름은 점진학교였다. 아마 민간사립학교 기원일 것인데, 점진학교 노래는 이러하다.

점진 점진 점진 기쁜 마음과
점진 점진 점진 기쁜 노래로
학과 전력하되 낙심 말고
하겠다 하세 우리 직무를 다

지금은 이 송태 집에 도산의 큰 형님 치호 일가가 아우님의 손때 묻은 집 버려두기 미안하다 하여 지키고 있다. 도산의 큰 형님은 농부요 기독교회의 장로이다. 의지 강하고 근검하면서도 동리 사랑하여 학교와 교회 건축에 많은 도움 주어 동리에서 신뢰와 존경받고 있는 인물이다. 얼마 전 경찰에서 송태 집 팔거나 헐라고 강압 받고 일본 순사에 폭행까지 당하고도 버틴 노인이다.

도산이 송태에 있는 동안 친지, 동지 등 많은 이가 이곳 찾았다. 직접 도산 알지 못하는 남녀들도 찾아왔다. 부인네들도 안창호 얼굴과 그 집과 마당과 정원 보려고 왔다. 평양에서는 학생들이 휴일이면 대보산 하이킹 빙자 찾아왔다. 도산은 마당의 돌 고르거나, 화초 옮겨 심거나, 경내 청소하거나 묵묵히 필요한 일 하고 있었다. 도산은 오는 청년들 붙들고 특별히 훈계하는 일 없었다. 간혹 무엇 묻는 청년에는 평범히 대답하여 주었다. 어떤 청년은 도산의 일 몇 시간이고 묵묵히 돕다가 인사만

하고 돌아갔다.

그런데 일본 관헌이 송태에 사람 많이 모이는 것 가만둘 리 없었다. 송태 입구에 버스가 닿고 송태 향하는 모양 보이면 의심하고 위협하였다. '안창호와 무슨 관계냐?', '무슨 일로 안창호 찾느냐?' 그러자 사람들은 다른 길로 돌아서 도산 찾게 되었다.

그런데 평양에서 신사참배에 문제 생기자 평남 지사는 한 경부 보내어 도산에게 평남 떠날 것 권고하였는데 도산은 이 거부하였다.

"당신이 여기 있으니 교회와 학교 대표자들이 모여 신사참배 하려다가도 그대 생각해서 꺼린다고 하오. 당신이 음모·선동 아니 하는 줄 믿지만 당신이 여기 있다는 그 사실이 선동 되는 것이오. 당신이 평남에서 떠나길 바라고, 될 수 있으면 미국으로 가길 바라오. 미국에 가겠다고 하면 그 여행권은 우리 지사께서 주선해 준다 하였소."

"지사께 전하시오. 만일 안창호란 존재가 민심 악화시킨다면 이는 평남에 있든 미국에 있든 마찬가지일 것이오. 아마 감옥에 넣거나 죽이더라도 그럴 거요. 2천만 한국인이 다 안창호 같은 사람일진데 일개 안창호를 송태에서 내쫓는다더라도 불명예나 될 뿐 무슨 효과 있겠소? 미국 여행권 주선 후의는 고맙지만 나는 아직 송태 떠날 생각 없소."

3 / 이상촌

실행 존중하고 규범의 위력 믿는 도산은 흥사단 정신 구현한 이상촌 건설하려 하였다. 도산이 임시정부 직임 사퇴하고 남경(난징)에 동명학원 창립하고 다시 교육에 종사하게 된 것은 1925년경이었다. 남경의 동명학원은 구미나 중국으로 유학의 뜻 품고 본국에서 오는 청년 위하여 어학, 소양 등 준비 교육기관이었으나 도산은 이에 더 큰 포부 가지고 있었다.

　기미 만세운동 이후 많은 청춘 남녀가 속속 본국 탈출하여 상해로 모여들었다. 이들은 대개 불타는 애국심 품고 구미에서 혹은 중국 내 저명대학에서 배움 구하는 자들이었다. 이들이 좋은 사람 되면 크게 민족 힘에 보탬 될 것이요, 그 반대로 그들이 불행히도 길 잃게 되면 오히려 민족 힘에 큰 해악 될 수 있는 것이다. 그러므로 바른 사상으로 이들 청년 지도하고 학업 편의 돕는 것은 결코 작은 일 아니었다. 도산은 이 청년들의 동반자 되기로 한 것이다.

　도산은 남경 인근에서 재외 한인의 중심지 조성하려 약간의 토지 매수하였다. 도산은 남경과 소주 중간의 진강(鎭江)에 주목하였다. 진강은 양자강 연안 도시로 기후, 풍토 다 좋았다. 도산은 진강 부근에 모범 농촌도시의 건설 계획하였다.

　도산은 대한이 독립되기까지 재외동포 환국은 어렵다고 보았다. 그리고 만주의 수백만 명, 러시아령의 수십만 명, 북아메리카와 하와이의 수만 명 동포가 본국 문화와 연결 아니 된 채 여러 해나 세대 넘긴다면 그들은 주재 나라 문화에 동화되어 한인 정신 아주 잃어버리거나, 아니면 무지몽매 인종으로 퇴화할 수 있다고 우려하였다.

북아메리카, 하와이같이 문명 높은 나라에 사는 동포들은 민족혼 잃기 쉽고, 만주나 러시아령같이 모국보다 낮은 문명 지역에서 빈궁 생활하는 동포는 모국 문화 잃을 뿐 아니라 토착민보다 퇴화해 유랑민 될 수 있다고 본 것이다. 도산의 이 판단은 정당한 것이었다. 재외 동포들이 이 두 가지 위험에 안 빠지려면 재외 한인의 정신적·문화적 중심지의 건설이 필요하였고, 그렇다면 그곳은 경제 중심지이면 좋을 것이라고 도산은 생각한 것이다.

도산은 '물건 있는 곳에 맘 있다'고 자주 말하였거니와 성인군자이면 몰라도 일반 대중은 제 재물 있는 곳에 항상 마음 끌리니, 가령 무슨 회 조직할 경우도 거액의 입회금 내고 정기적 의무금 내어서 그 회에 자신 재물 있을 때라야 그 단체 생각하는 맘 깊어지고, 그 단체 망하지 않을까 걱정하여 더 잘되기 힘쓸 것이라고 흥사단 입단 문답에서도 입단금, 예연금 등 강조하였었다. 이 심리는 재외 한인 중심도시 건설에도 당연 고려될 것이었다. 가령 진강에 한인의 중심 도시 건설하는데 우리 동포 출자로 토지 사고, 가옥 건축하고, 생산·금융 기관까지

만든다면 이 도시는 재외동포의 정신적 중심되기 더 쉬우리란 것이다.

도산은 진강, 남경, 화북 등 중국인 문화와 산업이 제법 발달된 도시 근방에 기지 택하여서 중국인 도시의 시설과 편의 이용하면서도, 한인 자신의 독특 문화·산업기관 세워서 중국인과는 상부상조의 친선관계 수립하자는 것이었다.

북아메리카에 수십 년 살면서 상당 재산 만들고 자녀까지 가진 동포들 중에는 도산의 이 계획에 공명하여 출자한 이도 있었다. 이들은 고국에는 못 돌아가더라도 우리 동포가 어느 곳에 수만 명의 집단사회 이룬다면 그 문화 속에서 살고 싶은 생각도 있는 것이다.

비록 미국이 좋다고 하나 우세 백인들 속에서 자자손손 영주하는 것도 썩 내키지 않는 것이다. 첫째, 인종적 압박이 일상에 있을 것이요, 또 자녀들은 미국인도 한국인도 아닌 사람 되어서 잘 되어야 유태인, 아니면 흑인 신세 되거나 집시 될 우려 있었다. 조국이 독립 회복하여 금의환향한다면 더 좋은 일 없겠지만 당장은 어느 것도 장담할 수 없는 것이다.

그러므로 다른 민족 압박 아니 받고 또 제 민족 전통 아니 잃으면서 보장된 생업 가지고 우리끼리 즐겁게 생활할 수 있는 터전 그리워하는 것은 당연하다. 또한 국내에 있는 이도 일본 등쌀 없는 곳에서 마음 편히 살고 싶은 것이다. 그런데 이 요구에 응할 수 있는 곳은 현재로서 중국이다. 중국은 우리와 수천 년간 이웃 나라요, 어느 정도 공감성도 있다. 특히 경술국치 후 중국 인사는 우리의 가장 큰 동정자였다. 그래서 중국 내에 우리의 거류지 건설하면 큰 압박감·차별감이 없으리란 것이다.

 이상촌 기지로 도산이 주목한 곳은 남경, 진강 외에 북쪽의 호로도, 금주요, 만주에는 경박호 연안, 동경성 부근이다. 도산은 여러 지방 몸소 답사하여 그 산천과 풍토 보았다. 지세, 풍경, 식수까지 조사하였다.
 그러나 중국 정치 사정으로 도산의 계획은 수포로 돌아갔다. 만주사변 발생으로 만주와 장성 부근은 물론 일본군이 상해에도 상륙하여 진강도 더 이상 안전지대 아니었다. 이 이상촌 건설 계획 좌절은 도산에 큰 실망 주었다. 그가 거의 10년이나 각지로 편력하여 흙과 물 맛보면서 계획한 것이었다.
 후에 그는 본국으로 잡혀 돌아와서 4년 징역 치르고 출옥하였는데 국내에서도 이 꿈 버리지 않았다. 물론 국내 계획은 해외의 그것과 성격 달랐다.

 국내 모범촌 계획의 대강은 이러하다.
 '산과 강 있고, 살기 좋은 곳 택하여서 200호 정도의 부락 세우는 것이다. 재래 농촌 주택과 달리 도로망, 하수도 시설을 현

대식 규모로 하고, 건축 양식도 위생, 경제성, 미관 살려 서양식 주택 장점 도입하되 한국 건축 특징도 살리는 것'이었다.

　도산이 평남 강서군 대보면 송태에 스스로 설계하고 감독하여 건축하고 그가 최후 체포될 때까지 거주하던 집은 그 이상촌 주택의 한 모형이었다. 4~5인 식구가 살 수 있는 자작 농가 집이었다. 그가 생각하는 이상촌은 한 가지 건축 양식만 고집한 게 아니었다. 그는 여러 설계도면을 직접 그려 가지고 있었다.

　도산이 설계한 이상촌에는 공회당, 여관, 학교, 목욕탕, 운동장, 우편국, 금융소, 협동조합 사무소 등이 있다. 공회당에는 집회실, 오락실, 담화실, 도서실, 부락사무소가 있을 것이다.

　도산은 집단생활과 사교생활 훈련 중요시 하였다. 예부터 우리 민족은 제 집안 생활만 중시하였다. 이것이 가족적 이기주의화 되어 집단생활, 사회생활 저해한다. 이웃이 한 곳에 모여 대화하고 즐기는 문화가 적었기에 이런 장소 만드는 것이 우리 민족의 사회적 습관과 공중도덕 발달시키는데 필요하다고 본 것이다.

　공회당은 부락민을 화합케 하는 곳으로서 이곳에 필요한 것 잘 설비하고 꾸며서 부락민이 재미있고 유익하게 보낼 수 있게 하여 공동체 정신 함양하자는 것이다.

　여관은 부락 공동의 객실 의미한다. 부락 방문하는 손님에 편히 숙식할 수 있도록 하고 개인 손님도 좁은 개인 집에 재울 게 아니라 이 여관에서 접대하자는 것이다.

금융기관과 협동조합도 있을 것이다. 금융기관은 저축과 융자의 일 하고, 협동조합은 생산품의 공동 수집과 판매, 일용품의 공동구매 등 할 것이다.

운동장에는 아동 놀이터 두고, 남녀노소가 체육 즐길 수 있도록 각종 시설 마련하여 체조와 각종 기계운동도 하려니와 무릇 체위 향상하고 활발한 모험정신 기르며, 몸 보호하는 것과 군인 되는데 필요한 재주도 배울 것이었다.

그리하여 스웨덴, 덴마크 민족 같은 체격으로 개량하고, 건강 개선하고, 생산 능률도 개선될 것이니 도산은 덕, 체, 지라 하여 지보다 체육 앞세운 것이다. 도산은 지적하였다.

"덕 없는 자의 지는 악의 힘 되고, 건강 없는 자의 지는 불평 밖에 안 된다."

과로하는 농민·노동자에 무슨 체육 필요하냐는 질문에 도산은 우리 농민, 노동자는 결코 좋은 체격 소유자 아니니 과학적 체육은 체격과 체력 증진하고 치우친 과로의 해도 제거할 수 있다며 덴마크 농부는 일하다가 피곤하면 체조한다는 예 들었다.

이 부락에 세울 학교는 일반 학교 외 직업기술학교도 세울 것이다. 기술학교는 농업, 임업, 원예, 목축, 공업 등 과목 두고, 학과 수업하되 실습위주로 할 것이다. 공업 배운 학생은 졸업 후 소자본과 약간의 연장으로 독립 직업 가져서 지방의 한 부문 담당할 것이다. 또한 학생들은 모범촌 견습하고 그 생활습관 길러 자기 고향에 돌아가서는 그 개조, 지도할 능력 갖게 될 것이다. 각 도에 이러한 모범촌과 직업학교 설립하고 적어도 전국 각 면에서 한 사람씩 선발하여 교육할 것이다.

이 모범촌은 우리 농촌이 문명국으로 세계 존경받을 수 있는 수준이면 충분할 것이다. 첫째, 누구나 법규 준수하면서 민주적 자치능력 있고, 도덕적 허위에서 벗어나고, 개인 이기심 절제하여 공동체원 되고, 경제적 큰 곤궁 없이 문화생활 누리고, 자녀들은 일정 교육 받고, 성인들은 자유로이 독서하는 그런 부락이면 될 것이다.

한국에 이런 부락 1개만 있다면 많은 사람들이 보고 자극받아서 어렵지 않게 전국으로 확대될 것이다. 제1촌은 동지 조직으로 할 수밖에 없다. 이들이 출자하고 또 이 부락 주민 되기 원하는 사람 찾아서 할 것이다. 일부가 살기 좋은 부락으로 실현되면 다른 이들도 이 부락으로 이주하려 할 것이요, 또 다른 지방에서도 이 모방하는 부락 생길 것이다.

도산이 보기에 성인 제1 의무는 제 힘으로 제 의식주 해결하는 것이다. 그런데 조선시대에는 밥벌이 아니 하는 선비계급 있어 이들은 때 못 만난 것 한탄이나 하는 무리거니와 이 상황에서 협잡, 아첨 등 모든 죄악 생긴다고 보는 것이다. 요순시대 순임금은 역산에서 밭 갈았고, 강태공은 위수에서 고기 낚았고, 바울은 장막 짰는데 그들은 천하 경영 뜻 두면서도 제 힘으로 생계 이은 것이다. 도산은 민족 각인이 제 밥벌이해야 하고 이것이 곧 민족 경제력의 원천된다고 보았다. 정치란 국민 각 사람에 제 밥벌이하도록 하는 기술이라고도 하였다.

  도산은 대동강 연안, 황해도 해안지방 등 답사하여 후보지 물색하였고, 또 자금 댈 동지도 수십 명 구하였으나, 1937년 수양동우회사건으로 체포되어 이 모든 계획은 사실상 수포로 돌아갔다.

4 / 홍사단

흥사단은 도산 안창호의 필생 사업이요, 그의 민족운동 근본 이론이요, 실천이다. 안창호가 이때 이 땅에 태어난 사명은 이 민족에 흥사단 운동하기 위함일 것이다. 이 민족 번영케 하고 완성하여, 인류 전체를 영구 화평으로 이끌어 가도록 그가 흥사단 들고 온 것이다. 이는 그의 철석같은 신념이요, 이는 또한 타당한 신념이다. 한국인이라면 흥사단 운동 운명이 곧 한민족 운명인 줄 얼마 안가서 다 깨달을 것이다.

도산은 병오년, 고국에 다시 돌아올 때 진리·실행·충의·용감의 4대 정신으로 민족성 다시 짓는 것이 우리 민족 부흥의 유일 길이라는 신념 품고 있었다. 이는 신민회 조직에나 대성학교 창립에나 언제나 그의 일관된 근본이념이었다. 더구나 청년학우회는 순전히 이 이념으로 조직된 것이다.

일찍이 대성학교 생도 하나가 결석이유서에 다른 사람 도장 찍어 비벼 속인 사건에서 다른 교직원 반대 물리치고, 단연코 퇴학 처분한 것은 이 진리주의 출발일 것이다.

"대성학교는 속이는 학생 용납할 수 없소. 원컨대 우리나라에서 속이는 한국인 대해 용납 아니 하는 날 오게 하고 싶소."

"우리 민족 각원이 서로 믿게 되는 날이 민족 독립이 완성되는 때요, 세계 만국이 우리 민족 언행 대해 참이라 믿게 되는 날이 우리가 세계 개조에 공헌하는 때요, 세계 각국과 민족이 속이지 않고 서로 믿게 되는 날이 세계에 참된 화평 오는 때요. 이 길 외는 우리의 독립도, 창성도, 세계평화도 없소."

경술년에 도산은 미국으로 망명하여 낙심과 편의로 살고 있던 북미 동포들에 희망과 노력의 심경 갖도록 일대 전환시키게 되었으니, 곧 국민회 조직이다. 또 3년 뒤에 도산은 흥사단 조직에 착수하였다.

1912년 어느 날 도산은 로스앤젤레스의 송종익에 자신이 만든 흥사단 약법(約法, 약속법) 보였다. 송종익은 흥사단 첫 동지 되었고 이것이 우리 민족 중에 무실운동 개시였다. 송종익은 대구 사람으로 경성에 있던 도산 찾아 미국으로 건너갈 것 물어본 것이 첫 인연이었고, 합병되던 해 도산이 망명하여 다시 미국에 가서부터는 공·사 모두에서 가장 신임하는 동지였다. 도산은 이후 다른 인물 더 구하여 약 1년 만에 팔도에서 각 1명씩, 흥사단 창립위원 8인 얻었다. 이 8인은 1913년 5월 13일 샌프란시스코의 강영소 집에서 창립 결성 하였으니 이것이 흥사단 기원이다. 8인은 이러하다.

홍언   경기도(위원장)   조병옥 충청도

송종익 경상도	염만석 강원도
정원도 전라도	강영소 평안도
김종림 함경도	김항작 황해도

기미년에는 국내로부터 많은 청년이 상해로 모여들었다. 어떤 이는 독립운동 확인하러 왔고, 어떤 이는 구미 유학길 얻으러 왔다. 이때 국내 만세운동은 침체하고 옥중 청년들은 만세 부르거나 단식하였다. 독립선언서 서명자 33인 포함 48인의 3·1운동 중심인물들이 내란죄니 보안법 위반이니 하여 그 공판 주목되었고, 옥에 있지 아니한 많은 청년들은 국내에서 탈출하여 만주로, 상해로 온 것이다.

도산은 이런 청년들 만나서 바른 인생관·민족관 계발에 힘썼다. 또한 영국 조계(租界, 중국 내 외국인 거주지역) 모이명로에 집 한 채 세내어 흥사단 원동위원부의 단소 만들었다. 도산은 사무실, 식당, 담화실, 집회실, 오락실, 침실 등 정결히 꾸몄다.

당시 해외 거주 우리 동포들의 거처나 셋방은 정결과는 거리 멀었고 아무렇게나 차려놓고 살고 있었다. 그런데 우리 민족은 분방이란 덕목으로 이 변호한다. 그러나 이는 국민성 타락 아니고 무엇이랴. 도산은 우선 몸가짐과 거처부터 일신 아니하고는 문명 독립국민이 못된다고 믿었다. 그래서 우선 흥사단부터 정결, 정돈되게 관리한 것이다. 그는 한 작은 소품, 화분

도 신중히 골랐다. 도산은 '아무렇게', 또는 '되는 대로'는 거짓과 함께 조국 망하게 한 원수라고 생각하였다.

1920년 가을 밤이었다. 상해 모이명로의 단소에 수십 명이 모씨의 일문일답 보기 위해 모였다. 문답 위원은 도산이었다. 아시아 처음의 흥사단 입단인 만큼 중요 행사일 뿐 아니라 이날 문답 받는 지원자는 상해에서도 중요 인물이었기에 매우 흥미 끌었다.

문답위원과 문답 받는 자는 조그만 테이블 사이에 두고 마주 앉았다. 위원은 단의 격식 따라 황색, 적색 단대 합하여 어깨에 메었다. 황색은 무실이요, 적색은 역행 의미다. 백색은 충의, 청색은 용감 의미다, 이중 중요한 것은 황색·적색이다, 무실과 역행이며 이는 참됨과 힘 의미하는 것이다. 위원인 도산이 먼저 입 열었다.

"이제 우리는 우리나라 구할 이론과 방법 관해 토론하게 되었으니, 묻는 자나 대답 자나 터럭만한 거짓 없이 참으로만 응해야 할 것이오. 이제 우리는 저마다 가진 신앙 따라 기도하오."

이는 종파 초월하는 단결 보임이요, 양심에 없는 예 행하기 꺼린 것이다. 예수교인은 주기도문, 불교인은 심경 등 제 믿음 따라서 기도할 것이었다. 기도가 끝나자 도산은 문답 시작하였다.

"모군, 그대는 흥사단 입단 원하시오?"
"예."

"왜이오?"
"우리나라의 독립 회복하고 민족의 영원 창성 구하려면 흥사단주의 밖에 없다고 생각합니다. 우리가 힘없어 나라 망했으니 나라 흥하게 하려면 흥사단주의로 힘 길러야 한다고 믿습니다."

"힘이란 무엇이오?"
"한 사람 한 사람의 건전 인격과 그 건전 인격들로 된 신성 단결이라고 생각합니다."

"나라의 힘이라면 농상공업의 부력이나 대포와 군함의 병력 아니겠소?"
"건전 인격 가진 국민의 신성 단결 없고는 농상공업이나 대포와 군함 있어도 그 제대로 쓸 사람이 없을 것입니다. 건전 인격 아닌 사람의 지식과 기술은 나라에 이익 주기보다 해롭게 써지는 일 많습니다."

"그런 실례 있소?"

"을사오적과 한일신협약 때의 칠적은 다 무식자 아닌 유식자, 유능자였습니다."

"그러면 인격 3요소는 무엇이오?"

"덕(德), 체(體), 지(智)입니다."

"도덕이란 무엇이오?"

"도란 사람이 마땅히 좇아갈 길이요, 덕이란 옳은 길 즐겨가는 버릇, 궤도거나 힘입니다."

"덕의 중심되고, 근본 되는 것은 무엇이겠소?"

"참이라고 생각합니다.

"거짓이 어찌 옳지 못한 것이오?"

"도에 어긋나므로. 거짓이 도에 어긋나는 줄은 누구나 제 양심에 비춰보면 알 것입니다."

"그런데 거짓이 있어선 안 될 이유는 무엇이오?"

"거짓말하거나 남 속이면 남이 나 믿어주지 않고 결국 나는 신용 잃게 됩니다."

"남이 모군 안 믿어주고 또한 신용 잃으면 어찌 안 되오?"
"남이 나 안 믿어주고, 내가 신용 없으면 뭘 할 수 있겠습니까? 신용 없으면 첫째 사업이 안 됩니다. 신용 없는 자에 누가 자본 대고 물건 주겠습니까? 또 신용 없는 사람의 가게에 누가 물건 사러 가겠습니까?"

"그러면 신용은 상업에 필요하구려. 공업은 어떨까요?"
"상업과 마찬가지라고 생각합니다. 신용 없는 공장 제품은 아무도 믿지 않습니다."

"공장 있자면 무엇이 필요하오?"
"거짓 없는 공장주인, 즉 거짓 없는 경영자입니다."

"그 다음에는?"
"기술자가 참된 사람이라야 합니다. 그리고 직공도 거짓 없어야겠죠."

"경영자, 기술자, 직공 모두 참되어야 신용 있는 공장이 된단 거죠?"
"그렇습니다. 이 중 하나만 거짓되어도 그 공장 제품은 믿지 못하게 됩니다."

"모군은 어느 나라 제품을 안심하고 사시오?"
"독일 것, 영국 것입니다. 우리나라 제품은 신용 못합니다."

"신용 못 받는 상공업 가진 나라가 부유할 수 있겠소?"
"신용이 없으면 상공업이 진흥될 수 없고, 그러면 그 나라는 부강할 수는 없습니다."

"상공업 진흥 없이 우리나라가 독립국가 될 수 있을까요?"
"평생 외국인의 소비시장 밖에 더 되겠습니까?"

"우리나라가 상공업 발전시킬 길은 무엇이겠소?"
"무실 운동입니다. 2천만 민족 모두가 참된 사람 되는 것입니다."

"우리나라는 농업국인데 무실 안하기로 어떻겠소? 농민은 거짓 있어도 상관없겠지요?"
"농민은 천지자연 상대하니 천지자연이야 거짓하며, 사람의 거짓에 속겠습니까? 거름 아닌 것을 거름이라며 주어도 그 곡식은 속지 않습니다."

"옳은 말씀이오. 장차 우리 농업도 세계시장 상대해야 되고,

세계시장에서 한국의 곡식, 과일, 축산, 채소 등 의심 없이 사 주어야 우리 농촌이 부하게 될 것이오. 마치 영국인이 덴마크 것은 안심하고 사는 모양으로."

"그런데 우리 민족은 안팎으로 서로 믿음 준다고 생각하오?"
"안팎 모두 믿음 못 받고 있습니다."

"당신은 뭘 보고 그리 단정하시오?"
"(말이 막힌다. 방청객도 눈이 둥그레진다.)"

위원은 10분간 휴식 선언한다. 휴식 시간 동안 모두에 생각해 볼 기회 주자는 것이다. 문답은 곧 재개되었다.

"우리 민족이 거짓 많아 서로 못 믿고 외국의 믿음도 못 받는다는 것 생각해 보셨소?"
"단결 안 되는 것이 그 실례인 듯합니다. 민중이 지도자 안 믿고, 지도자끼리 안 믿고, 민중끼리도 안 믿으니 단결될 리 없다고 생각합니다."

"우리나라가 망하기 전 백성이 정부 믿었소?"
"안 믿었습니다. 대신이나 수령방백이 제 욕심만 채우고 나라와 백성 생각 않았기 때문입니다."

"그것이야 이기심이지 왜 거짓이요?"
"나라 일 합네 하면서 제 일 한 것이니 거짓입니다. 만일 관리들이 백성들에 거짓 없고, 백성들이 관리 믿었다면 나라가 망할 리 없었겠지요."

"그렇다면 나라가 망한 것은 다 거짓 때문이오?"
"예, 다만 문답 중에 그리 생각된 것입니다."

"참이 큰 덕이요, 거짓이 큰 악이겠지만, 그 때문에 흥망까지 갈리겠소?"
"중용에 정성스러움은 하늘의 길이요, 그 정성 행하는 것은 사람의 길이라 하고, 또 정성 없으면 만물도 없다고 하였으니, 정성이란 진실함 말함이고 천지는 참으로만 유지되어 가니, 참이 없어지면 천지는 즉각 없어질 것입니다. 별들이 자기 궤도 갑네 하고 딴 길 가고, 계절이 봄인 척 하다가 겨울 오게 되면 큰 혼란이 있을 것입니다. 나라도 그 같아서 관리와 백성이 참 지키면 유지되고 거짓하면 혼란된다고 생각합니다."

"옳소. 그러면 우리나라를 참되게 하는 길이 무엇이오?"

"거짓 버리는 것입니다. 거짓말 끊고, 모든 거짓된 행위 버리는 것입니다."

"누가?"
"우리 민족 전부 다."

"우리 민족이 2천만 넘는데 어떻게 다 버릴 수 있겠소? 누가 그리 명령하며, 누가 그 명령 듣겠소?"
"(오랜 시간 말문 막힌다. 한참 후) 이제 깨달았습니다. 내가 해야 합니다."

"모군이 혼자서 오늘부터 거짓 버리고 참사람 된단 말이오?"
"네, 그 길밖에 없다고 생각합니다."

"그 확신하겠소? 조금도 의심 없소?"
"나 하나 거짓 버리고 참사람 되기도 극히 어렵지만, 그래도 내 말 잘들을 이는 나밖에 없기 때문입니다."

"그러면 모군은 이제부터 모든 거짓 버리고 오직 참으로 나갈 것 결심하시오?"
"예, 결심합니다."

"얼마동안 힘쓰면 모군이 완전 참사람 되어 티끌만한 거짓도 없어질 것 같으시오?"

"완전 경지야 성인 자리이니 평생 힘써도 어렵겠지만 불가능은 아니라고 봅니다."

"모군은 우리 민족 2천만이 모두 성인 자리에 이르기 바라오?"

"예, 그렇게 되길 바랍니다."

"그러나 그는 백년하청 아니겠소?"

"최후, 최고의 목표가 성인 자리지, 거기 이르는 중에 여러 계단 있을 것입니다만 목표에 가까워지면 우리 민족 힘도 커질 것입니다."

"그러면 우리나라가 완전 자주독립국 되고, 또 남 못지않게 살려면 최저 얼마 단계까지 참되어야 하겠소? 너무 높은 이상은 백성에 뜬구름 잡는 얘기 아니겠소?"

"쉽게 말하면 영국 사람만큼 참되면 우리나라도 영국만큼 될 수 있을 것입니다."

"꼭 그렇게 믿으시오?"

"그렇게 믿어집니다. 의심 없습니다. 다만 이 자리에서 깨달은 것입니다."

"모군의 말씀 모두 나와 동감이오. 나는 모군, 나, 흥사단우가 이 문제에 같은 생각인 걸 기뻐하오. 그런데 한 사람 한 사람 고쳐가서 어느 세월에 우리 민족 모두 거짓 없는 참 민족 되겠소? 독립은 급한데 다른 빠른 방법 없겠소? 모군은 흥사단 약법 다 읽고 외우셨소?"
"다 읽고 외웠습니다."

"조목마다 깊이 생각해 보셨소?"
"깊이 생각해 보긴 했지만 오늘 문답 받고서야 흥사단의 깊은 뜻 알게 되는 것 같습니다. 이처럼 깊은 줄 몰랐습니다."

"어떤 것들이요?"
"나라 망한 근본 원인이 거짓에 있다는 것. 나라 망하게 한 책임자는 나요, 나라 일으킬 책임자도 나라는 것."

"어찌하여 나라 망한 책임자가 모군이오? 모군은 이완용도, 이용구도 아니잖소?"
"이완용, 이용구에 그 일 하게 한 것은 나입니다. 그들에 나라 팔게 한 것이 우리 국민이니, 나 뺀 국민이란 말이 안 되지요. 그런데 나는 일본 원망하고, 이완용 원망하고, 우리 국민 무기력 원망하고, 우리 조상 원망하였으나 단 한 번도 나 자신 원망한 적 없었습니다. 망국 죄는 모두 남에 있고 나 하나만 무죄의 피해자인 것처럼 생각하고 있었으니 이는 책임전가 아니고 무엇이겠습니까? 이는 어리석은 일 아니고 무엇이겠습니까?"

"책임전가, 좋은 말씀이오. 그런데 모군이 나라 일으킬 책임자란 것은?"
"내가 참사람 되고 애국자 되고, 또 평생 광복 위해 일한다면 광복은 반드시 올 것입니다. 이것은 이 자리에서 생긴 생각이요, 깨달아진 것이지 얼핏 든 생각은 아닙니다. 진리니까요, 진리 보았으니까요."

"우리나라 주인은 누구요?"
"대한민국 임시정부"

"대한민국 임시정부의 주인은 누구요?"
"대통령 이승만"

"대통령 이승만의 주인은 누구요?"
"대한 국민, 우리 2천만 민족."

"대한 국민, 우리 2천만 민족은 누구요?"
"우리들 모두."

"우리들 모두란 누구요? '대한 국민아, 나서라!' 하고 하느님께서 부르신다면 '예!'하고 나설 자가 누구요?"
"(말이 막혔다. 한참 있다가 깨달은 듯) 예, 나 모군입니다."

"그렇소, 우리 대한 사람은 남자, 여자 저마다 대한 국민이요, 저마다 대한 주인이요, 대한민국 임시정부의 주인이요, 이승만 대통령은 우리 대표로서 지도자로 내세웠소. 우리는 법률 따라 그에 일 부탁하였고, 그는 그리 서약하였소. 우리는 곧 나요. 우리란 말은 좋은 말이나, 책임 회피에 이용하는 건 비겁한 일이요. 책임에 임해서는 내라 하고, 영광에 임해서는 우리라 하는 게 도덕에 맞는 언행이오. 모군, 그럼 대통령이 내게 복종해야하는 것이오. 내가 대통령에게 복종해야 하는 것이오? 대통령이 높소, 내가 높소?"
"대통령은 법과 여론에 복종하고, 나는 대통령 명령에 복종합니다. 우리일 적에는 우리는 대통령보다 높고, 나일 적에는 나는 대통령보다 낮다고 생각합니다. 우리 대통령으로는 우리가 감시하고 내 대통령으로는 내가 존중해야 합니다."

"모군이 흥사단 입단 원하시니, 흥사단 주인은 누구요?"
"나요"

"흥사단이 잘 되지 않을 때는 누구 책임이요?"
"나요. 내가 모든 노력 다하고도 안 되면 몰라도."

"그때는 다른 사람 책임이라고 돌리겠소? 모군이 있는 힘 다하여도 흥사단이 망할 수 있겠소?"
"나 혼자 어찌하겠습니까? 다른 단우들이 다 떨어져 나간다면 할 수 없다고 생각합니다."

"그렇다면 흥망의 원인이 다른 단우들에 있지 모군 자신은 아니란 말씀 아니겠소?"
"그러면 어찌해야 합니까?"

"모군이 분명 흥사단 주인이라면 무슨 도리 있지 않겠소?"
"(그제야) 예, 내가 있는 동안은 흥사단은 아니 없어질 것입니다."

"어떻게?"
"나 혼자라도 흥사단 맡아 가겠습니다."

"혼자라면 그것이 무슨 단체이겠소?"
"가는 동지 보내고 새 동지 맞아들이지요."

"새 동지 못 얻으면?"
"못 얻을 리 없다고 생각합니다. 흥사단주의는 진리니까요. 또 내가 표본 되니까요. 또 우리나라 우리 민족이 멸망할 수 없으니까요."

"진리면 반드시 따를 자 있겠습니까?"
"진리 찾는 자는 언제나 있다고 믿습니다."

"동감이오. 진리는 반드시 따르는 자 있고 정의는 반드시 이루는 날 있다고 믿소. 우리나라 독립과 민족 번영은 모군과 내가 하려고만 하면 반드시 이뤄진다고 믿는데 모군은 어떻게 생각하오?"
"나도 그렇게 믿습니다."

"너 믿고 나 믿자, 너 일하고 나 일하자. 너 주인 되고 나 주인 되자. 공은 우리에게, 책임은 내게. 이 외는 우리 민족 구할 길 없다고 믿어 흥사단으로 모였는데, 모군은 어찌하겠소?"
"나도 그런 사람 되겠습니다."

"수양 목표는 어디다 두시오?"
"터럭만한 거짓도 없는 인격자 되는 데 목표 두겠습니다."

"터럭만한 거짓도 없는 지경이라면 성인 아니겠소?"
"성인 경지까지 목표 삼겠습니다."

"만일 자신이나 동지 중 거짓 다 못 뗀다면 어쩌겠소?"
"떼려 계속 노력한다면 동지로 보겠습니다."

"거짓 없는 참 인격 되면 수양은 끝난 것이오? 거짓 없는 것 외 또 힘쓸 것 없겠소?"
"무실이 중심이겠지만 역행, 충의, 용감도 수양해야 합니다."

"역행은 무엇이고 왜 힘써야 합니까?"
"역행이란 행에 힘쓴단 뜻이고, 행함 없으면 아니 아는 것과 다를 바 없기 때문입니다."

"우리 민족이 역행하는 민족이오?"
"나라가 이 지경이라면 역행이 부족하다고 생각합니다."

"우리 민족이 충군, 애국 이치 알았다고 보오?"
"알았지요, 그렇지만 행한 사람은 거의 없었습니다."

"역행 반대가 무엇일까요?"
"공상(空想), 공론(空論)일 것입니다."

"우리 민족이 공상, 공론 많았나요?"
"조선의 모든 당쟁은 공론에서 왔다고 생각합니다."

"모군, 그대는 공론가요? 역행가요?"
"나도 역행보다 공론 많았습니다. 거처 정결히 하고 체육에 힘쓰겠다고 하고는 실행 못하고 다른 일도 실행 못하는 게 많습니다. 또한 남 탓 많이 해왔습니다."

"이후로 어찌하겠소?"
"한가지 씩 옳다고 생각되는 것 실천해 나가겠습니다."

"옳은 줄 알면서 아니 실행하는 것 없게 하자면 모군은 몇 해 수양해야 된다고 생각하시오?"
"악습 버리고 새 좋은 습관 쌓아 덕 높이는 것은 평생 사업이라고 생각합니다."

"평생에 수양만 하고 일은 언제 할 것이오?"
"수양하는 마음 잃지 않는다면 일상 모든 행실도 수양일 것이고, 수양과 일은 분리될 수 없다고 생각합니다."

"수양만 하고 있으면 나랏일이 잘 되겠소?"
"저 혼자만 수양한다면 개인 일이지, 나랏일이겠습니까?"

"우리 민족 중 잘 수양된 한 건전 인격 있는 것과 없는 것은 우리 민족에 얼마 차이 있겠소?"
"우리 민족 중 한 건전 인격만 있어도 우리 민족 힘은 그만큼 늘어난다고 생각합니다."

"어떻게?"
"첫째, 건전 인격자는 저 직분 잘 하겠으니 그만한 힘이요, 둘째, 건전 인격자는 사회 존경받고 지도자 되겠으니 그만한 힘이요, 셋째, 건전 인격자는 여러 사람 감화시켜 본 되니 또 민족 힘입니다."

"지금 세계 예수교인이 수억인데 이 수억은 몇 사람에서 출발되었소?"
"예수 한분에서 시작되었습니다."

"우리 민족 2천만 모두 무실역행하는 민족될 수 있겠소?"
"될 수 있다고 믿습니다."

"어떠한 방법으로?"
"내가 건전 인격자 됨으로써."

"모군이 중간에 마음 변하면 어찌하오? 건전 인격 본이 끊어지지 않겠소?"
"나는 중간에 마음 아니 변할 것입니다."

"모군이 아니 변하더라도 만일 모군이 세상 떠난다면 건전 인격의 본이 없어지고 이 운동은 끊어지지 않겠소? 어찌하면 좋겠소?"
"다른 동지들이 있습니다."

"그 동지도 죽으면? 동지 아니 끊어지게 할 방법 없겠소? 흥사단 사상과 실천 방법 영구히 할 방안 없겠소?"

"책이 있을까요?"

"책도 한 방법이오. 책은 세계 모든 선인들의 좋은 생각 전하는 보물이오. 흥사단 사상도 책으로 전해야겠지만 다른 방법 없겠소?"

"출판 이외 담화, 강연도 있겠습니다. 신문, 잡지, 연극, 영화도."

"그 밖 없겠소? 어떤 사상 널리 펴고 영구케 하는 방법이?"

"(한참 생각하다가) 몸소 실행하여 생활하는 것이 가장 좋은 선전인 것 같습니다."

"옳소. 백의 논설보다 일의 실물이 더 유효하오. 한 명의 무실역행이 그 말하는 백 명보다 감화력 있소. 또 다른 방법 없겠소?"

"동지가 하나로 단결하는 것일까요?"

"단결이 왜 좋을까요?"
"개인은 수명 짧아도 단결은 수명 길 수 있으니까요."

"모군은 우리나라에서 수명 긴 단결 본 적 있소? '3년 가는 동업 없다'는 것이 우리 속담이오만, 실제 3년 넘은 단결 못 보았소. 이러한 단결 믿소?"

"그래서 흥사단에선 신성단결(神聖團結)이라 합니까?"

"그렇소, 변치 않고 깨어지지 않겠단 의미로 신성단결로 이름 지었소. 단결이 아니 변하고, 아니 깨어지려면 무슨 조건 있겠소?"

"우선, 단결의 주지가 의(義)와 이(理)에 맞아야 된다고 생각합니다."

"우리 흥사단은 이익 목적 단결이오, 의 목적 단결이오?"
"의 목적 단결입니다."

"의란 무엇이오?"
"옳은 일로써 양심에 어긋나지 않는 것입니다."

"양심이란 어떤 것이오?"
"선과 정의로써 제 욕심보다 남 보살피는 것 이름입니다."

"왜 저 위하는 건 옳지 않고 남 위하는 건 옳소?"
"(말이 막힌다)"

"모군이 가장 일생의 소원 삼는 것이 무엇이오?"
"우리 민족 부흥입니다."

"왜 우리 민족 부흥을 소원 삼으시오? 개인 성공, 행복도 있겠고, 인류 전체 위하는 것도 있겠는데, 모군은 왜 하필 편협히 한민족 부흥만 원하시오?"
"그저 제가 제 몸 사랑하는 것처럼 본능적 한민족 사랑하는 것입니다."

"모군은 어느 나라 사람이오?"
"대한 나라 사람이오."

"대한은 벌써 망하고 없지 않소?"
"그래도 나는 대한 나라 백성입니다."

"세계에서 가장 영광된 나라가 어디요?"
"영국, 미국 같은 나라입니다."

"모군은 왜 영국사람 안 되시오?"
"그것은 될 수 없습니다. 이는 운명입니다."

"모군이 지금 영국, 미국 사람 될 수 있다면 대한 사람에서 탈퇴해서라도 되기 원하오?"

"될 수 없거니와 그 아니 원합니다."

"왜이오?"

"나는 대한 사람이니까요, 내 조상들이 대한 나라에 살다 죽어서 대한 나라에 묻혔습니다. 내가 대한의 비와 이슬 받아 나고 자라서 대한에 친지와 친우 있고, 대한 말 쓰고, 나는 대한 사람이니까요."

"우리 민족이 다 천하거든, 모군 혼자서 귀할 수 있겠소?"

"없겠습니다."

"모군 사랑하여, 모군 말 듣고 모군 도움 바라는 이가 누구요?"

"대한 민족입니다."

"그러면 모군의 평생 소원, 평생 사업이 무엇이오?"

"우리 민족이 잘 살도록 힘쓰는 일이오."

"모군이 의인이라면 어떤 일하는 사람이 되어야 하겠소?"

"우리 민족 잘 사는 일에 평생 바치면 나는 의인될 것입니다."

"모군이 의인 아니란 말은 어떤 경우에 듣겠소?"
"내가 민족 잘되는 일 막거나, 민족 잘 사는 일과 무관하게 일생 보낸다면 나는 의인 아니라고 할 것입니다."

"다시 묻겠소. 흥사단은 의 목적 단결이라 하니 그 의가 무엇이겠소?"
"의란 우리 민족 위하는 일입니다."

"불의란 무엇이겠소?"
"불의란 민족 해치는 일, 민족 아니 위하는 일입니다."

"의와 불의 관해 그렇게 생각한다면 천박 아니 하오? 선이나 의 같은 좀 더 고상한 철학적 의 없겠소?"
"지금 깨닫고 보니 우리 민족 위하는 것이 선이요, 정이요, 의요, 그 반대로 우리 민족 해하거나 아니 위하는 것은 악이요, 사악이요, 불의라고 생각됩니다."

"그러면 다른 민족이나 전체 인류 무시하는 것 아니겠소? 제 민족만 사랑하고 위하는 것은 민족 이기주의나 침략주의 아니겠소?"

"내 한 몸 건전 인격 되면 우리 민족 전체 힘 되고 복 되는 것 같이, 선과 정의의 우리나라 완성하면 곧 그만큼 세계 인류에 복된다고 생각합니다. 또 어떤 민족이 물욕이나 권력욕에 빠져 있을 때 침략주의 되는 것이지, 사사 욕심 없다면 나라가 부강하게 될수록 인류에 복되지 화되지 않는다고 생각합니다. 그런데 우리는 우리나라 이렇게 만들어야한다고 생각합니다."

"동감이오. 그렇지만 우리같이 독립 없고, 부력 없고, 거짓 많고, 실행 적고, 단결 없는 약소 민족이 그런 훌륭한 나라 만들 수 있을까요? 그 또한 공상, 공론 아닐까요? 우리 또한 그런 무리 아니겠소?"

"우리 민족은 지금 약하고, 가난하고, 천하고, 불우하지만 우리 민족에 흥사단 생겼으니 반드시 무실, 역행, 충의, 용감 쌓고 덕, 체, 지 갖추려 노력하면 문화와 부력 있는 민족 만들 수 있다고 생각합니다."

"누가 그일 하겠소?"
"흥사단이."

"흥사단 누구요?"
"내가, 그리고 우리 동지가."

"모군이 흥사단 중심인물 되겠소? 그럴 자신 있소?"
"내가 흥사단 중심인물 될지 여부는 나의 인격과 동지들의 신임여하에 달렸지만 내 혼자만이라도 흥사단 지켜갈 것이니 내가 흥사단 주인인 것은 틀림없습니다."

"왜 모군 혼자 아닌 흥사단에서 그 일 하려 하시오? 남이 만들어 놓은 단체에 그대 같은 명사가 굳이 이런 문답 받으며 들어온다면 그대 체면이 어찌 되겠소?"
"부끄럽지만 그런 생각 없지 않았습니다. 그러나 이 일은 혼자 못하는 일이고, 여럿이 뭉쳐서 큰 힘내야 할 수 있다고 생각합니다."

"모군이 평생 모범생활로 힘쓰면 그만이지 단결은 무엇 하오?"
"아까 말씀처럼 개인 생명에 한계 있으므로."

"단결의 이점은 무엇이오?"
"단체로 힘쓰면 수명이 길 수 있고, 또 여럿이면 큰 힘 낼 수 있습니다."

"큰 힘은 무엇에 쓰는 것이오?"
"작은 일은 작은 힘으로 되지만, 큰 일은 큰 힘이라야 될 테니까요."

"기회 잘 만나고 계략, 수단 좋으면 작은 힘으로 큰일 아니 하겠소?"
"그리 할 수도 있겠지만, 원체 작은 힘으로는 한계 있습니다."

"사람의 힘 크게 하는 방법에 무엇 있소?"
"지식과 기계 쓰면 됩니다. 사람 힘 모으는 단결도 있겠습니다."

"세상에는 어떤 단결 있소?"
"종교단체, 정치단체, 문화단체, 혁명단체, 그리고 국가, 군대, 회사도."

"기독교가 1900여 년 내려오고 많은 신도 유지하는 데, 기독교회라는 단체 없이 가능했겠소?"
"없겠습니다."

"우리 민족은 국가 없이 문화와 생명 보존할 수 있겠소?"
"국가 없이는 민족도 멸망한다고 생각합니다, 지구상에 국가 없이 창성하는 민족은 하나도 없습니다."

"그런데 우리는 나라 잃은 지 10년째요. 언제 다시 나라 있겠소?"
"우리 민족에 독립 국민 될 실력 생긴 때에 독립국가 있을 것이라고 생각합니다."

"그러면 이번 독립운동은 허사란 말이오?"
"허사 아니지요. 우리 동포가 흘린 한 방울 피도 헛되지 않는다고 믿습니다."

"그럼 이번 독립운동 소득은 무엇이오?"
"첫째, 민족 각성, 둘째, 국내외에 독립 의사 표명, 셋째, 실력 없으면 아무리 좋은 기회도 소용없다는 것 깨닫게 되었습니다."

"우리 민족은 언제쯤 독립 완성될까요?"
"백년, 천년이 걸리더라도 독립 실력 생기는 날이 독립 완성되는 날이라고 생각할 수밖에 없겠습니다."

"그 날이 너무 오래 걸리면 동포들이 실망 않겠소?"

"희망과 방법 보이면 낙심 아니 한다고 봅니다. 더욱이 우리 힘 늘어감이 눈에 보이면 희망은 더 커질 것입니다."

"우리에게 완전 독립이란 영광된 날이 저절로 올 수 있다고 보오?"

"저절로 올수 없지요, 그날 오도록 힘쓸 때만 올 것입니다."

"어떻게 힘쓰는 것이 독립의 영광 오게 하는 길이겠소?"

"흥사단 힘 있게 하는 일이오."

"그까짓 한 작은 단체에 국가 흥망이 달릴 수 있겠소? 게다가 흥사단은 정치나 혁명단체도 아닌, 백 명 정도의 단우 가진 수양단체 아니오? 이 흥사단이 민족 운명 좌우할 수 있겠소?"

"그렇게도 생각됩니다만 그래도 이 길 밖에 없다고 생각합니다. 역시 한 사람씩 완전 국민 되기 위해 수양하고 굳게 단결하여 건전 국민 되도록 노력하는 길밖에 없는 것 같습니다."

"동감이오, 우리도 그리 믿고 흥사단 조직하였소. 그런데 단결이 그렇게 필요하오?"

"필요합니다. 큰일은 큰 힘으로 할 수 있고, 큰 힘은 큰 단결로 생기므로."

"우리 흥사단 단결이 할 일은 무엇이겠소?"
"흥사단 약법에 '우리 민족 전도 대업 기초 준비함'이라 쓰여 있습니다."

"전도 대업이란 무엇일까요?"
"힘 있고 영광 있는 독립 국가 완성하는 일이오."

"기초란 무엇입니까?"
"기초란 터와 주추란 말이고, 집 짓는데 필요합니다."

"나라의 기초는 무엇이오?"
"국토와 국민입니다."

"우리나라에 국토와 국민 있소?"
"국토는 남의 나라 것 되었고 국민은 그 노예 되었습니다."

"무슨 이유로 그리 되었소?"
"나라 지킬 육해군 병력이 없어서."

"왜 병력 없었나요?"
"산업 없고 경제력 없어서."

"왜 산업이 발달 못되었소?"
"자연과학이 발달 못 되어서."

"자연과학이 왜 발달 못되었소?"
"교육이 없어서."

"교육이 왜 없었소?"
"정치가 나빠서. 정치가가 나랏일 생각 않고 사리사욕 앞세워 당파싸움 하느라고, 제가 정권 잡으려고."

"무엇하러 정권에 욕심내오? 나라 위해? 저 위해?"
"나라 위한 당파 싸움이었다면 나라가 망할 리 없었겠지만 저와 제 당파만 위했기에 나라가 망한 것입니다. 정권 목표가 상대파 섬멸하고 국가를 자파 노리개로 만들었기에 망했습니다."

"우리나라의 그런 싸움 예들어 보시오."
"조선 초기에는 불교와 유교 싸움 있었는데 중종, 명종 때 유교가 승리했고, 이 파쟁으로 국력이 약해져 임진란과 병자란이

초래되었고, 중종 때부터는 같은 유교도끼리 동서, 노소, 남북의 추한 싸움이 사화(士禍)로 나타났고, 이 싸움은 결국 5백년의 조선 절단 낸 것입니다. 그들은 교육도, 산업도, 군대도 안 돌보고 오직 상대파 죽이기에 골몰했습니다."

"조선 말에는 당쟁 없었나요?"
"갑신에는 김옥균 등 독립당과 민씨 일족 사대당이 싸웠고, 청일전쟁 중에는 친일파와 친청파, 러일전쟁 때는 친일파와 친러파가 싸웠습니다."

"망국 된 뒤는 당쟁 없었습니까?"
"불행히도 있었습니다. 애국자 중에서도 기호파, 서북파, 교남파 간 알력 있었고, 개인 영수 중심으로 수야파, 모야파가 대립했습니다."

"모군은 당파가 하나도 없기 바라오?"
"당파가 하나도 없고 국민 전체가 한 당이면 좋을 듯합니다만 주의와 정견 인한 당파는 서로 자극하여 이익 된다고도 생각합니다."

"모군은 어떤 당파 배격하시오?"

"주의 중심 아닌 이해 중심인 당파, 지방 감정·계급 감정 이용하는 당파, 민중의 열등 감정인 편벽·증오·시기 부추겨 다른 파 중상 모해하는 당파입니다. 그리고 비록 주의 중심 당파이더라도 그 실현 위해 수단 방법 안 가리는 파도 배격합니다."

"그렇게 폐해 많은 당파일진대 없애는 게 좋지 않겠소? 그러면 싸움도 없을 것이오만 모군은 흥사단 당에는 왜 가입하려 하오?"
"아무 당에도 아니 들면 내 신세는 편할 것이나, 이는 편의주의 아니겠습니까?"

"그럼, 편의주의는 나쁩니까?"
"저마다 그러하다면 광복 사업 못합니다. 광복 사업은 대사업이니 큰 힘 필요하고, 옳음 주의로 옳은 동지 모아서 큰 단결 이루어야 광복 대업 이룰 수 있다고 믿습니다."

"옳음 주의의 큰 단결 없으면 어떤 결과 생길까요?"
"옳지 아니한 사람들이 옳지 않음 주의의 천하 만들려할 것이고, 그들은 백성들 속이고 분열시켜 서로 싸우게 만들고, 그 틈 이용하여 그들만의 세상 만들어 이 세상 지배하려 들 것입니다."

"흥사단은 정치단체 아닌 일개 수양단체인데 어떻게 광복사업이나 옳은 정치하는데 기여할 수 있겠소?"

"수양한 건전 인격자가 많이 늘면 그들이 정치가도, 교육가도, 사업가도 되어 건전국가 될 것입니다. 건전 국민 많은 나라에서는 부정 개인·부정 당파가 쓰일 곳 없을 것이니, 많은 국민 건전히 하는 것이 건전 국가 만드는 길이라고 생각합니다."

"그러더라도 흥사단을 수양 겸 정치단체로 하는 게 좋지 않을까요? 수양이란 청소년이나 할 것이지 점잖은 신사숙녀로서 수양단체 가입하는 건 체면 손상 아닐까요?"

"수양 끝난 사람이란 없습니다. 평생 수양하더라도 족할 수 없습니다. 체면상 못하는 자라면 오만한 것이요, 오히려 큰 수양 필요한 자입니다."

"모군의 흥사단 가입은 모군만 위해서요, 남도 수양시키겠단 뜻이오?"

"첫째, 내가 수양하고, 둘째, 남도 수양하려는 뜻입니다."

"어찌해서요?"

"내가 흥사단우 되어 흥사단표 붙이고 모범인 되면 내 주위에서도 흥사단에 들어올 마음 생길 것입니다. 또 그렇게 흥사단

이름이 빛나고, 많은 사람이 들어오게 되면 흥사단이 커지고 힘 있어지고. 널리 동포에 수양 길 열어주고."

"모군이 입단 아니 하면 흥사단이 유지 못되고 8대 사업이 실행 못되겠소?"
"나 하나 없더라도 흥사단은 유지되고 8대 사업도 실현되겠지요."

"과연 그럴까요? 모군 하나 물러나더라도 우리나라가 광복되겠소? 2천만 동포가 저마다 그리 생각하면 나라가 어찌 되겠소?"
"(쓴 웃음 짓는다)"

"이 점이 나는 가장 중요하다고 생각하는데, 모군 생각은 어떻소?"
"나는 겸손 뜻으로 그리 말하였습니다."

"어찌하여 그것이 겸손이오? 무거운 짐 끄는데 나야 안 끌면 어떠랴 하고 물러나는 것이 겸손이오? 회피요?"
"회피입니다."

"남더러만 무거운 짐 끌라하고 자신은 가만히 있으면 죄이겠소, 죄 아니겠소?"
"죄입니다."

"함께 달려들어 무거운 짐 아니 끌고, 나는 힘 없노라며 다른 사람에 잘 끄네 못 끄네 시비한다면 어떻겠소?"
"그것은 더 고약합니다."

"나라 일도 마찬가지 아니오?"
"듣고 보니 그렇습니다."

"지금 우리나라에 나랏일 하는 사람이 많소? 아니면 시비하는 사람이 많소?"
"저는 아무 것도 아니 하면서 남 시비하는 사람이 많은 것 같습니다."

"제 책임인 줄 모르고, 나아가 제 책임 아니란 자들이 오히려 나서서 참견하면 일이 될까요?"
"안되지요."

"그럼 어찌할 것이오? 참견도, 가만히 있지도 말라면?"

"남이 하는 일에 참견 말고 제 할 일 잘하면 되겠습니다."

"우리 서민 입장에서 무엇이 제 할 일이겠소?"
"우선, 제 직업에 전력하는 것입니다. 2천만 국민 저마다 제 직업에 전력하면 우리나라는 그만큼 부강해진다고 봅니다."

"농사나 상업이나 공장에서 제 일만 잘하면 나라가 부강할까요? 그렇다면 애국운동이나 독립운동이나 정치가 무슨 소용이 겠소?"
"국민에 제 직업 잘하도록 지도하고, 또 그런 제도 만드는 것이 애국운동이요, 정치운동이라고 생각합니다. 그것이 정치 목적이요, 또 국가 목적일 것입니다."

"그러면 모군은 흥사단이 모든 운동의 중심이요, 기초라고 생각하오?"
"그렇습니다. 흥사단 운동 없이는 다른 운동도 안 된다고 생각합니다. 흥사단 운동 성공이 곧 광복이요, 독립이요, 영원한 민족 복락의 근원이라고 믿습니다."

"영국, 미국은 흥사단 없이도 나라가 잘 되어 가는데, 우리나라에만 흥사단 운동이 필요할까요?"

"우리 민족이 영미인보다 거짓과 공론 많고 단체 생활 훈련이 부족하므로 그들이 안하는 과정 더 공부할 필요 있다고 생각합니다. 기초공부 없이 아무리 영국, 미국 따라가려 해도 안 되리라고 봅니다."

"영미인이 우리보다 도덕적 나은 것이 무엇이라고 생각하시오?"
"나는 영국, 미국에 가본 일 없고 영미인과 교제해본 일 없어 자신 있게 말할 수 있는 게 없습니다."

"그렇더라도 역사, 문학, 신문 등 통한 상식으로 영미인의 장단점 생각해 본 적 있을 것이니 그 말씀해 보시오. 현재 세계에서 영미인이 우월 지위에 있는 것은 우연일 리 없소. 반드시 그 지위 차지할만한 국민성과 수양 있을 것이오. 왜냐면 세상만사 우주현상이 다 정확히 인과관계 지배 받는 것이니 영미인이 탁월 지위에 있는 것이나 우리 민족이 빈천 지위에 있는 것이나 다 인과관계인 것이지 결코 우연 아닐 것이기 때문이오. 그러니 잘 사는 남과 못사는 우리 비교하면 우리 진로가 분명해지리라고 보는데 모군은 어찌 생각하시오?"
"동감입니다. 모든 것이 다 인과요, 우연 아니란 말씀은 진리일 것입니다."

"우리 동포들이 인과 믿나요?"

"자연계의 인과 안 믿는 사람은 없으되, 사람 일에는 안 믿는 듯합니다."

"무엇 보고 그리 말하시오?"

"가령, 벼 심으면 벼 거두고, 거름 준 벼는 아니 준 벼보다 수확 많고, 여러 번 김맨 논이 소출 많은 것 잘 알면서도 남 잘 살고 자신 못사는 것에 필연 안 믿고, 남 잘된 것은 요행이고 제 못된 것은 불운이라고 여깁니다. 이는 인과 무시 아니겠습니까?"

"동감이오. 인과 안 믿는 사람의 특징은 무엇이오?"

"제가 당하는 일의 책임이 제게 있다 아니하고 하늘이나 세상에 원망 돌리는 것입니다."

"인과 믿는 사람 특색은 무엇이오?"

"제가 받는 것은 다 제가 지은 일의 필연 대가로 알기 때문에 불행 있으면 제 마음, 제 행실 반성 검토하여 그 원인 알아내어 그 고치려 힘쓰거나 더 분발한다고 봅니다."

"인과 믿으면 오히려 숙명론자 되지 않겠소? 모든 것이 팔자요 운명이라고 생각 않겠소?"

"인과 믿는 사람은 현 불행이 제 책임인 것 알기에 다른 사람 원망 않고 반성하여 발전 도모하니, 희망 갖게 됩니다. 장래는 내가 만드니까, 지금 짓는 원인이 장래 결정하니까! 오히려 인과 안 믿는 사람이 자포자기하고, 하늘과 타인 원망하고 요행 바라게 된다고 생각합니다."

"흥사단은 인과 믿는다고 보시오, 안 믿는다고 보시오?"
"인과 원리 위에 있다고 봅니다. 4대 정신으로 3대 수련하여서 저마다 건전 인격 이루고 또 일심하여 신성단결 이루면 민족 전도의 대업 필히 실현될 것 믿으므로."

"우리 민족 전도에 불안이나 의심 있소?"
"우리 그리고 내가 하기에 달렸으니 성실히 임하면 반드시 잘 살게 되며, 이 우주에 인과의 이치 있는 동안은 우리의 희망과 신념이 변동, 실패할 리 없을 것입니다."

"그럼 영미인과 우리의 차이가 무엇이라 생각하오?"
"이제 대답할 수 있습니다. 영미인은 인과 믿는데 우리는 안 믿는다는 것이고, 영미인은 스스로 제 삶과 제나라의 주인이요 책임자로 자처하는데 우리는 자신의 행·불행도 국가의 흥망도 자신 말고 다른 누가 주인이요, 다른 책임자 있다고 생각한다는 것입니다. 이것이 근본 차이입니다."

"옳소. 꼭 그대로요. 민주주의란 백성 저마다가 나라의 주인이오. 가령 어느 집에 주인, 나그네, 고용인 이렇게 셋 있다 한다면 그들에 어떤 차이 있겠소?"
"주인은 그 집이 제 집이므로 그 사랑하고 아끼고 잘 보전하려 힘쓸 것이지만 나그네와 고용인은 그것이 제 것 아니므로 다만 편안히 있을 생각만 할 것입니다."

"우리나라 2천만 민족은 나라의 주인으로 자처하는 이 많은가요, 나그네나 고용인으로 자처하는 이 많은가요?"
"제 집 아끼고 사랑하듯 제 나라 아끼고 사랑하는 이는 극히 드물다고 생각합니다."

"이완용은 삼천리 강토를 제 집으로, 2천만 민족과 천만대 후손을 제 식구로 생각하였을까요?"
"자신이 주인이라고 생각했다면 결코 합병조약에 도장 아니 찍었을 것입니다. 이완용에 자신의 집, 논밭, 자녀 바치도록 했다면 말입니다. 아마 그는 2천만 민족의 나라 팔아서 제 한 집 잘 살 수 있다고 믿었기에 그 도장 찍었을 것입니다. 마치 고용인이 주인집 재산 팔아서 제 재산 만드는 심리와 비슷하다고 생각합니다."

"우리나라에서 나라 팔아먹은 사람이 이완용 하나뿐일까요?"
"자신이 나라 주인임 알지 못하고 또 그 책임자임 알지 못하는 사람이라면 누구나 언제든 이완용처럼 나라 팔아먹을 수 있다고 생각합니다."

"이완용이 나라 팔아먹은 뒤에도 나라 팔아먹는 사람이 또 있을까요?"
"작은 규모로 나라 팔아먹는 일이 날마다 무수히 일어난다고 생각합니다. 예 들어, 상해 거리에서 중국인 인력거에 삯 적게 주어 한국인 원망하게 만드는 것도 매국 행위로 봅니다. 그는 우리 민족 전체 미워할 것입니다. 그리고 일상의 거짓 언행으로 국민들끼리 서로 못 믿게 하는 것도 결국 그러한 결과 낳는다고 생각합니다."

"흥사단 운동 필요성에 우린 공감하였소. 이 운동은 언제까지 계속하여야 한다고 보시오?"
"광복 대업 이루기까지."

"독립된 뒤는 흥사단이 필요 없을까요?"
"독립된 뒤도 민족 수준 높여 영광된 국가 유지하려면 이 운동은 계속되어야 한다고 믿습니다."

"흥사단은 정권 잡는데 목적 있다고 보시오?"
"흥사단은 정권과 상관없습니다. 언제까지나 수양 단체로 있어야 합니다."

"흥사단이 정권 잡으면 흥사단주의 하기가 더 용이 아니 할까요?"
"흥사단주의로 수양한 사람들이 정권 잡는 것은 좋으나 흥사단 자체가 정권 잡으면 흥사단에 적이 생길 것입니다."

"흥사단이 힘 키워서 모든 적 누르면 되지 않을까요?"
"그리 되면 흥사단은 정쟁 단체로 변모되어 수양 단체의 본색 잃을 것입니다."

"흥사단이 수양 단체의 본색 잃어버리면 어찌 안 될까요?"
"국민 수양은 곧 국민 생명이니, 정치보다 수양이 우선입니다."

"옳은 말씀이오. 정치에는 성쇠 있겠지만 수양에는 성쇠 있어선 안 되오. 그러므로 흥사단은 영원히 수양 단체로 갈 것인데 모군은 어찌 생각하시오?"
"동감입니다."

"흥사단 사업은 무엇이오?"
"흥사단 영원 유지가 최대 사업이요, 그리고 약법에 있는 대로 강습소, 강연회, 서적출판부, 도서열람소, 간이 박물원, 체육장, 구락부, 학교 등입니다."

"이런 사업은 왜 필요합니까?"
"전 민족에 덕, 체, 지의 삼육 수양할 기회 주기 위해서입니다."

"이 사업은 몇 군데 시설하면 좋겠소?"
"도서출판 같은 곳은 중앙 한 곳이면 되겠지만 다른 것은 많아야겠습니다."

"많으면 얼마나? 한 고을에 하나씩이면 좋겠소?"
"(놀란다.)"

"한 면에 하나씩의 강습소, 강연회장, 도서열람소, 간이박물

흥사단 217

관, 체육장, 구락부, 학교 있으면 충분할까요?"

"(놀라면서) 그리 많이는 생각도 못했습니다."

"한 동리에 하나씩 필요 않겠소? 그래야 우리 동포의 남녀노소 모두 문명 백성 되지 않겠소?"

"하도 엄청나서."

"동리마다 이런 시설 없이 우리 민족이 세계 일등의 문명 민족 될 수 있을까요?"

"듣고 보니 그만 시설 있고서야 최고 문화 민족이 되겠습니다. 저는 이 8대 사업이 이처럼 중요하고 대규모인 줄 몰랐습니다."

"우리나라에 21군 2500면이 있고 매 면마다 10개 부락으로 치면 약 25000부락 그러면 회관이 25000개, 도서관이 25000개, 체육장이 25000개…, 이런 사업하자면 사람이 얼마나 들까요?"

"수만 명이오."

"돈은 얼마나 들겠소?"

"수억만 원요."

"흥사단이 할 사업도 적지 않겠지요?"
"한량없이 크겠습니다."

"모군은 이 사업 다 하기로 결심하시오?"
"결심합니다."

"모군은 이 사업 위해 무엇 바치겠소?"
"저의 전 생명과 전 재산 모두 바치겠습니다."
이로써 흥사단의 목적과 사업 관한 문답이 끝났다. 그 뒤는 조직, 의, 재정 등 관한 문답도 있다.

흥사단 조직은 세 사람 감독이 있고, 의사부(議事部), 이사부(理事部), 검사부(檢事部)의 3부 있어 3권 분립 제도 썼다. 감독은 도덕적 권위일 뿐이요, 행정수뇌는 아니다. 거부권이 없고 다만 3부가 그 감독 의사 존중하겠다는 도덕적 권위일 뿐이다. 감독은 단내의 가장 모범 인물 중에서 의사부 선거로 추천한다. 감독을 3인으로 한 것은 한 사람의 판단보다 세 사람의 판단이 실수 적고, 다섯 사람보다 세 사람이 의견 통일하기 쉽다는 데서 나온 것이다. 이 조직은 민주입헌 정신으로 되어 있다. 3인 원수 제도는 정치에서도 고려할 만한 것이다.

5 / 동지애

도산의 흥사단우 고르는 기준은 두 가지이다.

첫째, 거짓 없는 사람, 둘째, 조화성 있는 사람이다. 조화성은 단체 생활 가능케 하는 성질이다. 너무 자기 고집하고 각진 사람은 단체 생활에 늘 말썽 일으킬 수 있다.

"거짓 있거나 편벽하더라도 한 가지 기술과 능력 있으면 받아서 수양시키면 되지 않느냐?"

고 하면 도산은

"금주 동맹은 술 아니 먹는 사람들 모임으로 성공하는 것이오."

라고 하였는데, 이는 미국의 금주운동이 카톨릭 신부에서 시작된 것 가리킴이었다. 거짓 없는 사람들이 많이 모여서 큰 단결 이루어야 그것이 거짓 박멸하는데 큰 힘낸다는 것이다.

도산은 흥산단우 고를 때 사회 명성, 학식, 수완은 둘째로 여겼다. 진실함이 첫째 조건이었다. 학식, 수완이 이 나라 광복하고 이 민족 구제하는 것이 아니라 오직 진실만이 그 가능케 한다고 도산은 믿었다. 명성, 학식, 수완도 있고 진실하면 금상첨화겠지만 도산이 보기에 우리나라 학식가, 수완가는 반드시 진실 존중하는 이 아니었다. 진실보다 임기응변과 권모술수가 재주라고 믿는 이 많았다. 도산은 이를 슬퍼하였다. 이 때문에 지도자끼리, 또는 지도자와 민중이 서로 못 믿는 것이다.

학식이 부족하면 배우거나 남에게서 빌릴 수 있고, 수완도 없으면 그 부족한 대로 노력하면 되었다. 그러나 진실 없는 사람은 아무 데도 쓸 수 없었다. 도산은 국가와 민족 위하는 일에 영웅호걸보다 진실인 구하였다. 철두철미 거짓 벗고 오직 참으로 나아가는 사람만이 이 나라 구하고 백성 건지는 민족적 영웅이라고 생각하였다.

  도산의 일문일답은 실로 뜻 깊은 것이다. 다른 곳에 유사 사례도 없다. 이 입단 문답은 도산의 인생관이요, 민족관이요, 한 체계 철학이다. 그런데 도산은 후배에 자신의 철학 집어넣으려 아니 하였다. 문답 통해, 문답 받는 본인에 자기 사상 정리케 하여 스스로 자신 잘못 알게 하고, 또 스스로 바른 견해 발견케 하는 것이다. 이것은 예전 아테네의 소크라테스가 취한 방법이거니와, 도산은 그때까지 소크라테스 읽은 일 없었다. 도산의 대부분 지식이 그러한 것처럼 이 문답방법도 아주 독창적인 것이다.

  도산은 지적하였다. 우리나라 사람들은 무슨 회 한다하면 그 취지, 규칙 잘 아니 알고 아무가 하는 것이니, 남들이 다 그러하니 아니 들 수 없다며 든다. 그리고 누가 그러더러 '그 단체가 뭐 하는 곳인가?' 하고 물으면 '나도 잘은 몰라.' 하고 태연히 답한다는 것이다. 회의 취지도 모르는 회원이 회원의 의무 알 리 없고 그 행할 까닭도 없다. 이것은 거짓이라는 것이다.

흥사단 입단자는 흥사단 약법 잘 외워야 하고 그 해석 일치 위해 한 조문, 한 글자 따와서 문답하는 것이다. 이리해야 내 생각도 네 생각도 아닌 우리 생각이 생기니, 이 모양으로 여론이 생기고 민족 의사도 생긴다는 것이다.

흥사단 입단 문답은 이런 필요 때문이었지만 이 문답 통해 우리 민족 철학이 토론되는 것이었다. 한번 이 문답 받은 사람은 평생 처음 자기 발견한 것 느낀다. 지금까지 안다던 것이 어떻게 엉터리였는가, 지금까지 애국한다는 것이 어떻게 그에 반대되었는가, 제가 깨어있다던 것이 어떻게 터무니없는 착각이었는가, 자신이 우리 민족 장래에 얼마나 안목 없었는가, 자기 일생에 얼마나 바른 주관 없었는가 발견하여 일종의 종교적 참회 체험하고 다시 살아나는 기쁨과 자신감 느끼는 것이다.

도산의 문답술은 매우 발달된 것이어서 자신의 심중 온통 털어내지 아니하고는 문답 진척 아니 되거니와 그러면서도 개인 심사에 조금도 저촉 않는 것이다. 가령 신앙, 연애, 가정사같은 양심의 비밀은 존중되었다. 도산은 평시에도 남의 사사로운 개인 일은 알려 아니하였고, 혹시 무심코 귀에 들어왔더라도 아니 들은 것으로 여겼다.

도산은 비밀 지키는 수양하라고 동지들에 때로 권하거니와 이 뜻은 필요 없는 말, 해서 안 될 말, 자기와 상관없는 말은 말라는 것이다. 남의 비밀 파는 것은 부도덕하려니와 어찌하여 알게 된 남의 비밀은 그 앎에 한하고 내 입에서 새는 것 두려워 하는 것이 남 위하는 도덕인 동시에 내 품격 올려준단 것이다. 이 비밀 관한 것도 일문일답 재료이다.

  도산은 흥사단 입단 문답 시 흥사단 약법의 자구와 정신 대해 문답하는 모양 취하지만 그 말 재료는 그 받는 사람 따라 천태만상이다. 그 받는 이의 개성, 경력, 취향 기초임으로 10여인의 문답 매일 듣더라도 모두 새로운 말이다. 그것은 하나하나가 예술 작품이라 할 만한 것이다.
  도산은 비록 17,8세의 소년과 문답할 때도 자기가 높은 지위라는 빛 없었다. 남녀노소 모두에 평등 지위로 물었고, 평등 지위에서 그 대답 존중하였다. 그는 평시에도 남의 말 꺾거나 누르는 일 없었다. 비록 어리석은 자의 의견이라도 그 말하는 심경 존중하는 것이다.
  그러나 문답자는 그 어리석음 그냥 아니 가져갔다. 가르친다는 의식 없이 스스로 그 어리석음 깨닫도록 유도되었다. 이는 도산에도 매양 힘든 일이었으나 상대에 부끄러움과 괴로움 아니 주고서 스스로 자신의 잘못 깨닫게 하는 것이다. 이는 도산이 사람에 끝없는 애정 있었기 때문이다.

  도산은 일면 철석같은 의지 가진 사람이면서도 부드러운 인

동지애

정 있는 사람이었다. 그의 분노하는 얼굴 본 사람 없다고 하거니와 그가 희로애락에 아니 움직이는 것은 그의 수양 결과이기도 하지만 또 그가 사람 미워할 수 없는 천품 가졌다는 것 말해주는 것이다. 도산은 모든 생명에 깊은 연민과 애정 가지고 있었다. 그는 방안 화분 속 화초에도 애착하여, 언제나 그 세심히 돌본다. 물 마르지 않도록, 또 지나치지 않도록 늘 마음 쓰면서 지내는 것이다.

도산은 친우와 동지에 불행 있으며 매양 자신 잊고 거기에 자신 던져버린다. 동오 안태국이 와병 중인 때 그는 헌신적 간병하였고, 또 사후에는 후한 장례 치러 주었다. 상해에서 일찍이 윤현진이 병사할 때도 도산은 노역으로 힘들게 번 돈 모두 그 치료하는데 보내주었다. 또 여운형이 러시아 독립운동 중 그 처자에 생계 곤란 있음 알고 한동안 생계비 보내 주었다. 여운형이나 그 가족과 일면식도 없었을 때였다.

도산은 인류에 가장 귀한 것이 인정이라고 생각하는 것 같다. 그는 흥사단 입단 문답 때에 약법 중에 있는 정의돈수(情誼敦修)라는 문구로써 오랜 시간 문답하곤 하였다. '정의돈수란 무슨 뜻이오?' 이처럼 시작하는 것이다. 정의돈수란 당시 어떤 회칙에나 거의 들어가는 문구였기에 사람들은 그 대해 다만 유행어쯤으로 생각하였다.

그러나 도산에게 정의돈수란 국가 흥망도, 인류 흥망도 달린 중대 문구였다. 그에 정의돈수란 자비(慈悲), 인(仁), 애(愛)의 인류 이상 실제화한 것이다. 공상, 공론 싫어하는 도산은 아무리 좋은 이상, 덕목이라도 행하기 어려운 것은 그대로 아니 두었다. 무슨 이상이나 덕도 일상생활에서 몸소 실행할 수 있는 경지까지 끌어내려 그 이름까지도 우리의 보통말로 고쳐 놓는 것이다. 정의돈수란 말은 바로 이러한 결과였다.

"정의돈수(情誼敦修)가 무슨 뜻이오?"
"서로 사랑한다는 뜻입니다."

"돈수란 무슨 뜻이오?"
"도탑게 닦는다는 뜻입니다."

"도탑게 닦는다는 것은 무슨 뜻이오?"
"서로 사랑하는 정신 더욱 기른다는 뜻일까요?"

"그렇소, 우리 흥사단의 해석으로는 정의돈수란 '사랑하기 공부'란 뜻이오. 그런데 사랑 공부로써 사랑이 더욱 도타워질까요?"
"날마다 사랑하기 힘쓰면 습관이 된다고 생각합니다."

동지애

"우리 민족은 서로 사랑함이 도타운가요?"
"부족하다고 생각합니다."

"무슨 증거로 우리 민족은 사랑이 박약하다고 말씀하시오?"
"갑자기 증거 들라시면 어렵지만 그리 봅니다."

"사랑 반대가 무엇이오?
"미움이오."

"그럼 우리 민족은 서로 미워하는 편이 많은가요?"
"그리 봅니다."

"한 가족이 서로 미워하면 어떨까요?"
"퍽 불행합니다."

"서로 미워하면서 일은 잘 될까요?"
"아무 일도 안 될 것입니다."

"한 가족이 서로 사랑하면 어떨까요?"
"퍽 행복할 것입니다."

"서로 사랑하는 것 외에 가정 행복에 뭐가 필요합니까?"
"재산, 건강, 자녀, 명예, 사업성공."

"재산, 건강 등 다 있는데 사랑이 없다면 어떻겠소?"
"다른 것 다 있어도 사랑 없으면 그 가정은 불행한 것입니다."

"모군은 사랑 공부 해본 적 있습니까?"
"사랑은 저절로 우러나는 것으로 여겼기에 따로 공부한 일 없습니다."

"샘이 저절로 솟는데 우물은 왜 팔까요?"
"더 많이 솟고 더 많이 고이라고요."

"물 아니 솟던 땅도 그 파면 샘솟는 일 있지 않은가요?"
"그렇지요, 조금 파면 아니 솟아도 깊이 파면 솟기도 합니다."

"그것이 사랑 공부입니다."
"알겠습니다. 사랑 공부로써 사랑 마음 기를 수 있겠습니다."

"사랑 공부는 어찌하면 좋겠소?"

"예수께서 네 이웃 사랑하고 네 원수 위해 기도하라고 했으니, 누구나 다 사랑하려 힘쓰면 될 것 같습니다."

"천하 사람을 다 사랑한단 말이오?"

"그렇지 않을까요?"

"모군 몸이 지금 여기 있으면서 어떻게 보이지도 않는 먼 곳의 사람 모두 사랑할 수 있겠소?"

"그럼 내 민족부터 사랑하란 말씀입니까?

"내 민족 2000만 다 사랑하는 법은 무엇이겠소?"

"네 알겠습니다. 내가 접하는 사람 사랑하는 것입니다."

"그러면 너무 편협 않겠소?"

"그렇지만 내 손 닿는 사람, 내 목소리 들리는 사람 사랑할 수밖에 없겠습니다. 결국 일상에서 나 만나게 되는 사람 사랑하는 것이 이웃 사랑이요, 민족 사랑이요, 전 인류 사랑하는 일이겠습니다."

"그 길밖에 없겠소?"

"예. 그 밖에 사랑하는 법 있다고 한다면 그건 공상, 공론일 것입니다."

"옳은 말씀이오. 사랑이란 결국 내가 접하는 사람 사랑하는 것이오. 그런데 만일 내가 날마다 접하는 사람 미워하면서 사람 사랑하노라고 한다면 어떨까요?"
"그건 우스운 거짓이 됩니다."

"모군은 이런 우스운 거짓말하는 이 본적 있나요?"
"많이 보았습니다."

"그들이 어디 어디 있나요?"
"여기도 있습니다. (모군은 자기 가리킨다.)"

"왜 모군은 옆 사람 사랑 아니 하고 미워하였나요?"
"제 비위에 안 맞았으니까요."

"모군은 옆 사람 비위에 맞았을까요?"
"안 맞았으니 나도 그들에 미움 받았겠지요."

"그러면 서로 안 맞더라도 어찌하면 서로 사랑할 수 있을까요?"

"내 편에서 저편 맞추면 될까요? 내 옳음 버리고 이웃의 불의에 맞추면 의에 어긋나지 않을까요? 이웃의 견해 존중하여 제 척도로 남 아니 재면 될 것 같습니다만."

"그렇소. 서로 남의 자유 존중하면 대부분의 싸움 없어질 것이오. 나에 한 옳음 있으면 남에도 한 옳음 있을 것 생각하여, 남 의견이 나와 다르더라도 편협히 그 아니 미워하면 세상에 화평 올 것이오.

그런데 우리나라에서는 예부터 나와 다른 의견 용납하는 아량 없고, 오직 저만 옳다 하므로 그 혹독 당쟁 생긴 것이오. 남도 옳을 수 있는 법이거든 내 뜻과 같지 않다고 사문난적(斯文亂賊)이라며 멸족까지 하는 것이 사화요, 당쟁이었으니, 그 악습이 지금도 계속되고 있소.

그러므로 우리는 사상의 자유, 언론의 자유 인정하는 공부 반드시 필요하단 것이오. 이는 그 발현 자유보다 타인의 의견 대해 존중하고 이해하는 여유 더 강조하는 말일 것이오. 서로 의견 다르더라도 우정과 존경 유지하여 미워 않는 것이 문명인의 본색일 것이오.

우리나라에서 천만가지 사상이나 의견 있더라도, 사상 대립은 서로 연마 · 발달하는 자극될 수 있는 것이고, 서로의 애정과 존경은 민족 통일로 맺어져서 외부 모욕이나 민족 운명 달린 일에는 혼연히 하나 되어 분투하여 막아내게 되는 것이오. 제 의견도 민족 위함이거든 민족 깨뜨려서까지 제 의견 살릴 이 어디 있겠소? 그런데 사실 저라는 것에 눈 어두워 민족 아니 보이는 일도 있으니 가히 한탄할 일이오. 그리하여 우리는 정의돈수 공부하자는 것인데 모군은 어떠시오?"

"동감입니다."

도산의 정의돈수 관한 해석은 이것만은 아니다. 단결 요지는 주의(主義) 일치에만 있지 않으며, 정의(情誼), 즉 사랑에 있다는 것이다. 단원 각자가 단(團) 사랑하고 단우 사랑하고 단의 지도자 사랑하고 단의 집, 기구 사랑하기를 제 것같이 함으로써만 단결이 비로소 최대 힘내고 영원 생명 누리는 것이니 사랑 공부 필요하다는 것이다. 도산에는 나라 사랑하는 것도, 세계 사랑하는 것도 마찬가지 이론이다.

"애국자는 제 국토를 제 집처럼 아껴 사랑하고, 또한 그 국토의 초목과 금수도 제 자식이나 가축같이 사랑할 일이다. 하물며 동포의 지도자랴, 역사와 문화랴. 삼천리 강산이 사랑하는 국토일진대 그 모양이 눈에 보이면 반가운 눈물 아니 흐르지 못할 것이요, 흰옷 입은 동포 모습이 눈에 띌 때, 그의 말소리가 귀에 들릴 때 껴안고 싶은 감격 아니 일 수 없는 것이다. 거기에 추호 미운 감정이나 시들 생각 일어날 여지 없을 것이다. 2천만 민족이 다 국토와 동포에 진정 이리 느낀다면 국가의 독립과 민족의 창성은 벌써 된 것이다. 민족 각원에 이런 사랑 있는 이상, 모든 사상과 의견 대립은 영양분 될지언정 병원(病原) 되진 않을 것이다."

"너도 사랑 공부하고 나도 사랑 공부하자. 남자도 여자도, 우리 2천만이 다 서로 사랑 공부하자. 2천만 한인 모두는 서로 사랑하는 민족 되자. 적어도 동포끼리는 무저항주의 하자. 때리면 맞고 욕하면 먹자. 동포끼리만은 악을 악으로 대하지 말자."

"오직 사랑하자. 서로 사랑하면 살 것이요, 서로 싸우면 죽을 것이다."

사람들은 일찍이 도산의 성난 모습 본적 없다고 하거니와 그는 남 공격하는 말도 아니하였다. 적 앞에서 우리끼리 싸우는 것에 가슴 저미도록 아프게 느끼는 그였다. 그리고 그리 아니 하도록 못하는 자신의 성실함과 지성 부족에 늘 부끄러움 느끼는 것이었다.

도산은 다만 한민족끼리만 서로 사랑 지켜야 한다고 생각한 건 아니다. 인류 전체에도 서로 사랑하는 것만이 평화 가져올 수 있다고 믿었다. 그러기에 그는 전쟁은 옳지 않다고 하였고, 이유 막론하고 사람이 사람 죽이는 것은 옳지 않다고 하였다.

 도산의 이런 사상은 얼핏 기독교 사상 같고, 그 중 톨스토이의 무저항주의 같다. 그러나 그는 일찍이 성경 어구 인용하는 일 없었다. 그는 가끔 예배당에 갔으나 기독교 신자라 자처한 적 없었다. 예수에 고마우신 큰 선생님이라 평할 뿐이요, 십자가의 공로로 속죄한다는 신학 아니 믿었다.

 그는 자신의 이성으로 이해 못하는 것은 아니 믿었다. 그의 사랑론, 화평론도 그가 스스로 생각해내고 믿은 것이지 누구의 설이나 신앙에 근거한 것 아니었다. 그는 사상이란 보통 사람의 이성으로 알아들을 만하면 그로 족하다고 생각하였다. 고상 이상, 신비 경지 등 부인 아니 하였으나, 민족과 인류 이끌 사상은 누구나 알만한 상식적인 것이라야 한다고 생각하였다. 그러므로 도산은 심오 교리나 철학은 즐겨 공부 아니 하였다. 그는 일상에서 행할 수 있는 실천 이론 존중하였다. 가령 추상적인, 박애 같은 말보다 구체적 '갑이 을에 어떤 사랑 행하였다.' 에 초점 두는 것이다.

 천만 번 인·박애 말하는 것보다 힘겨운 자 돕는 것에, 백만 번 인류애·동포애 부르짖는 것보다 굶주린 자에 한 끼 밥 챙

겨주는 것에 더 가치 두는 것이다. 도산에 실천 없는 이론은 공론인 것이었다.

 도산은 어떤 지식 청년이 자신의 이론 도도히 늘어놓으면 가만히 듣는다. 그는 남이 말하는 중간에 잘 끊지 아니하며, 산만히 듣지도 아니한다. 한 마디 말도 빼놓지 않으려는 것이다. 그러나 그의 이론이 다 끝나면 도산은 그 이론의 요점 다시 묻는다. 그리고는 '왜?' 하고 그 주장의 이유 묻는다. 그리고 또 다시 그 이유의 이유 연거푸 묻는다. 그러면 대개 상대는 막혀버리고 만다. 그것은 그 지식 근거가 빈약하기 때문이다. 얻어들은 지식이요, 제게 배어들어 피와 살된 지식 아니요, 우러난 깨달음 아니기 때문이다.
 이처럼 도산의 4~5차례 잇따른 질문 받게 되면 설자는 망연자실되어 제 지식 체계의 파탄 자각 아니 할 수 없게 된다. 설자는 지금껏 믿어 왔던 자신의 지식이 얼마나 맹랑하며 자기보다 무식하리라던 도산이 얼마나 고매한 식견 갖췄으며 그 실감케 되고, 놀라고, 또 감동받는 것이다.

 실천 없는 이론은 먹을 수 없는 식량과 같다. 우리는 조선 5백년간 수신제가치국평천하(修身齊家治國平天下)의 말만 하고 그 실행 아니 하였다. 소에게 무얼 먹일까 토론하다가 소 굶겨

죽였다. 한 짐 풀 베어 먹이는 것이 백번 토론보다 나은 것이다. 오늘의 독립운동에서도 마찬가지이다.

도산의 철학은 행(行) 철학이요, 도산의 인식론은 실증주의(實證主義)였다. 도산에게 인생 이론은 결코 알기 어려운 게 아니었다. 배우면 알게 되니 교육이 필요하였다. 만들어야 생기니 산업과 공업이 필요하였다. 사랑하면 단결되니 사랑 공부가 필요하였다. 단결되면 큰 힘 생기니 독립의 날이 가까이 오는 것이었다.

거짓말 아니 하면 서로 믿고 사랑할 수 있게 되는 것이었다. 가난할 때보다 넉넉할 때 큰 힘 생기니 산업 일으킬 일이었다. 힘없으면 독립 나라 세울 수도 유지할 수도 없으니 실력 키울 일이었다. 우리 민족이 나라 없이 편안히 살 수 없으니 독립나라 만들 일이었다. 도산의 이론은 자명하였다.

"너도 행하고 나도 행하고 우리 모두 행하자."

도산은 일부에서 제기하는 세계주의 대해 말하였다.

"내가 거짓 없고, 주위 사랑하고, 힘 있는 사람 되고, 또 나아가 우리 민족이 거짓 없고, 서로 사랑하여 화평 민족 되면 그것이 곧 세계 인류 그렇게 만드는 것이다."

도산은 흥사단 운동으로 대한 나라를 인류의 이상적 모범국가로 만들 수 있다고 믿었다. 우리나라가 충분히 그 가능한 것은 국토의 덕 있는 지세, 아름다운 경치, 단일하면서도 우수한 민족 혈통, 소박 건실한 문화 등 꼽았다. 게다가 동서고금의 문화 집대성하는 지리적·역사적 위치에 있으니, 우리 민족이 이 사명 자각하여 계속 노력한다면 반드시 이 이상국가 실현시킬 수 있다고 확신하였다. 또한 우리 민족이 그 위해 노력하는 단결 있는 동안이라면 반드시 그 실현하는 날 올 것이라고 하였다.

대한의 독립은 남의 힘으로 구차히 얻는 독립 아닌, 민족 실력 의한 참된 독립이라야 하며, 도산이 생각하는 새 나라는 지리멸렬하여 내부 분열하는 나라 아닌, 세계 향한 호소력 있는 발언권과 감화력 가진 지도자적 나라였다. 도산은 국권 상실한 우리 동포가 흔히 위축되어 아무러한 지위라도 독립되기만 바라는 비굴 생각 경계하였다. 도산은 우리 청년들에 우리의 새 나라 모습 그려 보여주었다.

"세계 어느 큰 도시에나 태극기 날리는 우리 민족의 큰 무역소 있을 것이오. 그 태극기는 대한 상품의 절대 우수함과 절대 신용의 표상 될 것이요. 태평양·대서양의 각 항만에는 태극기 날리는 객선과 화물선이 우뚝 정박할 것이며, 그 배들은 세상에서 가장 안전하고 쾌적한 배로 명성 얻어 세계 각 나라 사람들이 다투어 타게 될 것이요.

 지금은 내가 한인이라고 말하기 부끄러운 형편이거니와, 그 날에 코리언이란 이름은 덕과 지혜, 그리고 사랑과 명예 대표 하는 말 될 것이오. 우리는 이런 민족 되기 위해 반만년 역사 끌어 온 것이니, 이 위대한 영광 만드는 길은 오직 우리 국민 각자의 건전 인격 수양과 또 성실한 노력에 달려있는 것이오."

 도산은 그러한 이하의 나라는 아니 바랐다. 그리고 그러한 나라는 흥사단 발판 삼아 나아갈 수 있다고 확신하였다. 왜냐 면 참되고 일 잘하고 서로 사랑하는 2천만 모두가 애써 이룩하 는 나라라면 그 이하 될 리 만무했기 때문이다. 도산은 이 희망 과 신념으로 일생 바친 것이었다. 그러므로 도산이 보기에 이름 없는 일개 흥사단우이더라도 모두 이 위대한 새 나라 건설 의 역사적 대 사명 지닌 위인이었다.

 그들은 평생 이 고귀 이상 품고 살고, 가는 데마다 이 고귀 씨앗 뿌리는 사람 될 것이기 때문이었다. 그리고 이 이상이 곳 곳에 전해지고 퍼져가는 동안에 수천 수만 동지가 새로 생길 것이요, 또 그 중에는 민족적·세계적 영웅이 새로 탄생할 것 이기 때문이었다.

6
/
인
류
애

중국의 어느 관상가가 도산의 사진 보고 비평하길, 그의 눈에 자비의 인정 있어 능히 적 증오하고 살육해야하는 정치가나 혁명가는 될 수 없을 것이라 하였다. 도산의 넓은 이마는 그의 이지력 말함이고, 높고 곧고 힘찬 모습의 코는 그의 의지력 말함이고, 맑고 부드러운 눈은 그의 인자함 말함이다. 그 관상가의 지적같이 그는 애정 깊은 사람이었다. 그와 접해 본 이라면 누구나 그의 온화한 애정 느꼈다.

여성 중에 그 사모한 이 적지 않았다. 스승으로 흠모하던 여성이 열애 감정 갖게 된 사례도 있었다. 그가 남경에 있을 때 어떤 여자가 밤에 그의 침소에 들었다. 그때 도산은 천연 음성으로 '아무개!' 하고 주위에서 다 들도록 불러 '무엇 찾소? 책상 위에 초와 성냥이 있으니 불 켜고 보오.' 하였다. 그 여자는 정열에서 깨어 도산 말대로 초에 불 켜고 나왔다고 하는 일화 있다.

"그 음성 들으니 아버지 같은 마음 생겨서 부끄럽고 죄송하였다."

고 그 여자가 술회한 것이다.

'조국에 그 정열 바쳐라.' 하고 도산은 얼마 후 그 여자에 넌지시 말하였고, 그 여자는, '나는 조국을 남편으로 그리고 애인으로 삼겠습니다.' 하고는 곧 남경 떠나 유럽으로 유학길 떠났다.

도산은 남의 감정 존중하였다. 그 마음 아니 상하도록 조심하였다. 도산은 애정의 인물이거니와 이성 간 연애도 존중하였다. 상해에서 일찍이 한 청년이 한 여자에게 사랑고백 편지한 일 있었다. 그 여자는 뜻 않은 편지 받자 분노하여 도산에 그 편지 들고 와 그 남자 비난하게 되었다.

"무엇이 그리 분한가?"

"독립운동 중인데 동지 간에 이런 편지 하는 것은 저 모욕함 아닙니까?"

"미혼 남자가 미혼 여자에 사랑고백 하는 것은 잘못된 일 아닐 것이네. 그대는 그의 사랑에 감사할망정 분개할 이유 없다고 보네. 하물며 그가 부끄러움 무릅쓰고 남 알 것 꺼리면서 보낸 편지 내게 보이는 것은 실례이네. 만일 그대가 그에 시집 아니 가고 싶거든 '사랑해 주시니 고마우나 당신 뜻에 응할 수 없습니다.'하고 유감 뜻 표함이 옳고, 이후 어디서 만나더라도 존경 뜻 표함이 옳을 것이네."

하고 남의 편지 읽기 거절하였다.

평생, 도산 심중은 이성에 어떤 감정이었는지 정확히 알 수 없으나 그것이 구체적 드러난 것도 없다. 남경의 모 여성 사례에서 보듯 남녀 관계 다루는 것은 청교도적이었다. 즉, 늙은 여성은 어머니로, 젊은 여성은 누이로, 어린 여성은 딸로 보라는 것이 불교의 혈족관이거니와 도산은 불교 좇지 아니하면서도 우연히 혈족관 취했을 것이다. 이는 도산의 개인 윤리요, 자기 인격에의 존경에서 나왔다고 할 것이다.

그렇다고 도산이 이성과의 교제 일부러 멀리한 것 아니다. 여성 접하게 되면 유쾌히 접대했으며, 특별히 여성에 경의와 겸양 태도 보였다. 그리고 이런 말도 하였다.

"아름다운 이성 보는 것은 기쁜 일이다. 만일 그 얼굴이 보고 싶거든 정면으로 당당히 볼 일이다. 곁눈으로 엿보지 말라. 그리고는 보고 싶다는 생각 담아 두지 말아야 한다."

도산은 동성 간 우정에는 아낌없이 사랑 주었다. 추정 이갑이 전신 불수로 북만주에서 신음하고 있을 때 도산은 미국에서 그 내외가 노역하여 번 돈 고스란히 보내 주었다. 추정은 다른 동지에 울면서 말하였다.

"도산이 운하공사 인부로 일하고 그 부인은 삯빨래해서 번 돈이래."

동오 안태국이 상해에서 장티푸스로 입원하였을 때에도 도산은 동오 옆에서 그가 운명할 때까지 오물 처리 등 간병하였다. 동오의 시신은 자신의 숙소로 옮겨와 예 갖춰 장의해 주었다. 그 영결식장에서는 애국지사로서의, 믿음 가는 벗으로서의, 지성과 온정 있는 사람으로서의 동오 말할 때 동지들은 함께 울었다.

　동지 윤현진이 상해에서 병중인 때에도 도산은 그의 가족 못 지않게 간호하였다. 도산 자신의 쌈짓돈이나 소지품까지 털어 치료비에 보태었다.

　그의 우정은 자신 잊는 헌신적인 것이었다. 그가 북경 여관에 머물 때에도 재류 동포가 곤궁하다 하면 차고 있던 시계도, 심지어 입고 있던 옷도 내어 주었다. 내일 걱정 아니 하는 사람 같았다.

　대전 감옥에서 출옥할 때는 한 일본 순사 찾았다. 그 순사는 도산이 경기 경찰부에 유치되었을 때 간수일 보았었고, 그는 제 당직인 때면 도산에 밤에 산보도 시키고, 별구경도 시키고 또 냉면 대접한 적도 있었다고 한다.

　그 동안 그 순사는 다른 지역에서 일하고 있었는데 도산은 그 수소문하여 결국 그에 사의 표하며 선물하였고, 나중 도산이 운명하였을 때는 그 순사가 찾아와 영구 앞에서 분향하였다고 한다.

　또 도산이 대전 입옥 되었던 중 자신 면회 온 모씨에게 서대문 경찰서 모 순사부장에게서 예전 점심 한 그릇 얻어먹은 적 있으니, 그 갚고 사의 표명해 달라고 부탁하였다고 한다.

　"그 사람은 내게 호의 보였소. 그런데 내가 그 몰라주면 되겠소?"

유상규는 상해에 있을 때 도산의 일 많이 도운 이다. 그는 환국하여 경성의학교 외과에 있었고, 사퇴 후 거의 모든 시간을 동포들 돕는데 할애했다. 그는 일 년 중 얻은 20일 휴가도 동지 병간호에 다 썼다. 그는 최종 의학박사 학위 얻고 큰 병원 개원 앞두고 있었는데, 전염병 환자 치료 중에 감염되어 갑자기 별세하였다. 대전에서 출옥 중이던 도산도 장의에 참석케 되었는데, 감옥 생활과 비탄으로 초췌한 도산의 용모는 말할 것도 없거니와 고인에의 조사 낭독 있을 때는 모두가 느껴 울었다.

도산의 우정에는 차별 없었다. 어른이나 어린이나 우정은 우정이요, 호의는 호의였다. 귀천, 빈부, 출신 민족도 상관 아니하였다. 도산은 우리 민족이 화기 있고 온기 있는 민족 되기 바랐다. 도산은 우리 민족 간에 질시 많고 서로 존중·존경하는 맘의 부족한 것에 안타까워하였다. 도산은 송태 산장에 있을 때 그 입구에 '빙그레' 라는 간판 써 붙였다. 또한 전국의 사람 많이 모이는 곳에 빙그레 글자와 웃는 모습의 조각·그림 많으면 좋을 것이라고 하였다.

"우리 사회가 왜 이렇게 차오? 훈훈 기운 없소. 서로 사랑하는 마음으로 빙그레 웃는 세상 만들어야겠소. 갓난아이의 방그레, 늙은이의 벙그레, 젊은이들의 빙그레 이 모두 얼마나 아름다운 표정이오?"

　도산의 큰 낙 중 하나는 동지들과 같이 밥 먹고 차 마시는 일이었다. 도산은 식사 때 유쾌 분위기가 좋다고 하였다. 누군가 유쾌 않은 얘기하면 도산은 먹는 일 멈추고 얼굴에 웃음 거두고는 못 마땅 얼굴로 그 표시하였다. 도산은 못 마땅 일 있더라도 상대에 곧바로 면박 아니 준다. 대신 그 정도가 심할 때는 반드시 엄한 얼굴로 침묵의 항의 하였다. 이는 저편 면박 아니 주는 동시에 거기에 영합 않으려는 것이다. 그리고 자연스레 다른 화제로 말 돌려 분위기 바꾸는 것이었다.
　도산은 담화의 가치 높게 보았다. 오락은 인생의 양식이라고 보았다. 그러므로 흥사단 수양단체 대회 절차에서도 강론회, 운동회 다음에 오락회도 두는 것이다. 도산은 남 즐겁게 할 한두 가지 재주 닦아둘 것 주문하였다. 그는 중국인의 연설 모습 흉내 잘 내는 재주 있거니와 이는 일부러 혼자 연습한 것으로써 보는 이 포복절도케 하는 것이었다. 도산은 정의돈수를 인생 수련이나 단체 생활에서 주요 추구 항목으로 치거니와 그 닦는데 담소가 중요하다고 하였다.

　도산은 같은 목적 가진 동지더라도 피차간 애정 없이는 정말 동지 못된다고 하였다. 떠나면 보고 싶고, 만나면 반갑고, 같이 있으면 서로 대견한 그런 애정으로 뭉쳐야 평생 동지 되고 큰 힘 발휘도 가능하다고 하였다. 규약과 서약으로 형식적 단결 지을 수 있으나 참으로 그 다지는 것은 깊은 정의(情誼, 도타운 정)라는 것이다.

도산은 제1차 세계대전 중일 때의 미국인과 윌슨대통령 관계 자주 언급하였다. 윌슨 대통령이 시가지 통과하면 군중은 반가운 친구처럼 맞이한다는 것이다. 어떤 부인은 '내 아들, 내 귀여운 아들!' 하며 소리친단다. 도산은 우리 동포간이나 지도자에 이런 애정 없는 것 슬퍼하였다.

스승에의 제자의 애정, 목사에의 교인의 애정, 학자나 예술가에의 대중의 애정 부족함 지적하였다. 학생들이 제 집같이 학교 사랑하여 꽃 한 포기라도 더 심으려 하고, 학생은 선생님 잘 대접 하고 싶어 하는 날이 우리 민족 창성하는 날 될 것이라고 하였다.

도산이 보기에 우정, 애향심, 애단심, 애국심 등은 모두 애정의 발로였다. 만일 학생이 자신의 학교 사랑할 줄 안다면 반드시 그 나라도 사랑할 줄 아는 국민 될 것이라고 하였다. 애국자의 애정은 국토와 국민 전체 포용한다. 그에는 국토의 한포기 풀, 한그루 나무, 한줌 흙, 한 개 돌 모두 내 것이요, 내 집 것이요, 국민 남녀노소 모두 내 식구처럼 생각된다. 그러므로 어느 산 귀퉁이에 산사태라도 나면 제 살 뜯긴 듯 아프고, 한 동포의 잘못은 제 잘못인 듯 가슴 아프게 된다는 것이다.

도산은 동우회 사건으로 붙잡혀 일본 검사의 심문 받을 때에 독립운동 멈출 것 권유받자,
"나는 밥 먹는 것도 잠자는 것도 민족 위해서이다. 나더러 민족 운동 말라는 것은 죽으라는 것과 같다. 혼이 있다면 죽어서도 민족 운동 멈추지 않을 것이다."
고 하였다.

도산의 민족 운동은 민족에의 연애요, 국토에의 연애였다. 그러나 그의 우정이 그러하듯 맹목적, 열정적 연애는 아니다. 그는 우리 민족의 좋은 점 잘 알았고 나쁜 점도 잘 알았다. 민족의 장점 말할 때는 제 자랑같이 기뻐하였고, 단점 말할 때는 제 살 깎듯 슬퍼하였다. 그는 우리 민족의 단점 숨겨 대중에 영합하려 아니하였다. 개인에의 아첨이 개인 해하는 이상으로 민중에의 아첨은 무서운 해독 주는 것이니, 진실로 민족 사랑하는 애국자라면 차라리 그 단점 척결하여 분노의 돌팔매 맞을 것이었다.

도산은 우리 민족이 분발하면 세계 일류 독립국가로 도약할 수 있다고 확신했으나, 현재 상태로는 도덕으로나 지혜로나 천한 지위에 있음 분명 인식하였다. 그뿐 아니라 잘못하면 더 천

하여질 수 있고, 아주 멸망할 수 있음도 알았고 그 두려워하였다. 이처럼 도산은 우리 민족의 운명 직시하고 또 그 책임은 자신에 있다는 데서 출발함으로, 그의 애국심은 물러설 수 없는 것이었고, 또 분발되는 것이었다.

도산이 대전 감옥 출옥 후 지방순회하고 또 모범촌 부지 탐사하는 때에 한 여성이 그 모습에 안쓰러워 도산에 편지 보낸 적 있었다.
"선생님은 그만 산중에 숨어서 감자나 캐드시면서 몸이나 잘 요양하시길 바랍니다. 이제, 선생님 명성이 더럽혀질까 근심합니다."
이에 도산이 답변하였다.
"내 일신에는 은둔하는 삶이 편안하고 좋을 것이오. 내 건강보더라도 그러하지만, 그러나 아직 내 심신에 기력이 남아있고 우리 민족 형편은 우려 수준에서 못 벗어나고 있으니, 내 일신의 편안이나 명성만 생각할 수 없는 것이오."
도산은 우리 동포에의 사랑만큼 전 인류도 사랑한다는 점에서 기독교적이었다. 그는 세계평화 없이는 일국 평화도 없다고 하였다. 그리고 우리가 세계인류에 기여하는 길은 좋은 제 나라 만드는데 있다고 하였다. 또한, 세계 각 민족이 외세 침략이나 간섭 없이 저마다의 국가 세우고, 그 바탕 위에 자유로이 문화 창조하고 또 그 발달하게 되면, 한 화단에서 형형색색 꽃이 여러 조화의 미 피워내는 것처럼, 전 인류에 진정 조화로운 통일 올 것이라고 하였다. 그리고 자기 민족 위해 타 민족 괴롭히는 민족주의는 인류평화 뿐 아니라 결국 자민족 평화까지도 손상 입힌다고 하였다.

"부부간 복락은 사랑인 것같이, 한 단체나 한 민족 번영 가져오는 것도 사랑이요, 세계평화 가져오는 유일 원인도 사랑이다. 공자께서 인 가르치고 석가께서 자비 설하고 예수께서 사랑 이르심은 결코 우연 아니니, 사람의 바른 길은 오직 사랑이요, 그 길밖에 없다."

"현재 세계는 전쟁과 투쟁으로 편안 날 없거니와 이것은 그 목적이 악하다기보다 그 이루려는 수단이 악한 때문이니, 사랑으로 점진적 나아가려 아니하고 증오와 폭력으로 성급히 해결하려는 까닭이다.
 이편이 사랑으로 나아가면 저편도 사랑으로 응하는 모양으로 이편이 증오와 폭력으로 저편 누르면, 한때 그 성공한다더라도 필시 그 눌린 편이 다시 일어나서 증오와 폭력으로 보복하되 본전에 이자 붙여 하려할 것이다. 이리하여 폭력은 폭력 낳고 증오는 증오 불러 인류는 서로 미워하고 보복 역사 꾸미니 그

속에서 도탄에 빠지는 것은 창생이요. 그러니 언제 덕 닦아 하늘같은 문화 빚어낼 여가 있으랴."

"보라, 지구의 귀중 물자는 인명 살해하고 문화 파괴하는데 낭비되고 있지 아니한가? 평화의 사도여야 할 청년들은 증오와 살육의 군사 되고 있지 아니한가? 유사 이래 증오와 투쟁이 평화 가져온 예 없는 것처럼, 미래 영겁에도 그러할 것이다. 패배의 적에 사랑으로 아니 임한다면 그것은 다만 다음 전쟁의 씨앗 심는데 불과한 것이니 오직 사랑으로 나아가야 할 것이다."

도산은 가혹 내용의 베르사이유 조약이 독일 민족의 적개심 자극하여 한 세대도 지나기 전 반드시 보복의 거사 있을 것이라고 예언하였는데, 실제 이 조약은 독일이 제2차 세계대전 일으키는 한 원인된 것이다.

도산의 애정은 물건에도 예외 아니었다. 그는 풍경 사랑하고, 특히 고국산천에 무한 애정 가지고 있었거니와 그는 자연물, 인공물 모두 아끼고 소중히 여겼다. 그는 무슨 물건이든 다 국민 보물이요 인류 보물이니 소홀히 대할 수 없다하고 작은 일용품까지도 애착하고 아꼈다. 그가 상해에 있을 때는 이렇게 말하였다.

"내가 밭 갈지도 베 짜지도 않았으면서 이렇게 먹고 입고 있는데 이는 모두 동포의 노고로 된 것이니 감사하고 큰 빚지는 심정으로 감사히 쓸 일이다."

도산은 무슨 물건이 어떤 이의 기념물일 때에 특히 그것 애중하였다. 상해에서 잡혀 와서 경성지방법원 검사국에 입감되는 날, 도산은 면회 온 한 동지에게 시계 하나 내어주며 이렇게 말하였다.
"이것은 추정 이갑이 애용하던 물건인데 뉴욕에서 작별할 때 내게 준 것이오. 내 사랑하던 친구의 유일 기념품이니 그대가 맡아 두었다가 내가 다시 살아 돌아오면 내게 주고 아니면 추정과 나의 기념으로 그대가 가지시오."

도산은 애정의 차별 인정하였다. 부부, 부자, 형제자매, 친구, 동지 등 상대 따라 애정의 질적 차이는 있을 수 있으며, 이는 인정의 자연스러운 것으로 누가 누구 특별히 더 사랑하는 것은 허물 아니며, 질투할 일 아니라는 것이다.
도산은 우리 민족의 생명선은 선량 동지애의 단결에 있다고 하였다. 우리 민족을 도덕적 · 지식적 최고 지경에 이르게 하고, 정치적 · 경제적 · 문화적 모범의 안락 국가 되게 하려면 사욕과 이욕 떠난 수양의 단결운동 아니면 아니 된다고 단정하였다.

이 단결은 정당주의(主義), 합리 조직, 풍부 재정이란 3합이 생명이며, 이 삼합의 피되는 것은 동지의 정의(情誼)라고 하였다. 정의 없는 단결은 피 없는 육신 같고, 회 없는 벽돌담 같다고 하였다. 어떤 단결이 지도자 사랑, 각원 사랑 없으면 아무리 훌륭 주의와 조직과 풍부 재력 있더라도 그 단체는 분열되고 마는 것이니, 우리나라에서 오래 유지된 단결 없었던 것은 이 때문이라는 것이다.

도산의 동지애는 네 것 내 것 없이 죽어도 같이 죽고 살아도 같이 살자는 의형제적 세속적 사랑 아니었다. 이런 사랑은 소수인이 단기간에 공동 이해와 열정 의해 가질 수 있는 것이지, 다수인이 장구 시간에 유지할 성질 아니며, 이러한 사랑은 정당 않은 경우 많을 뿐더러 일시적 흥분으로 굳은 맹세하기에 충분히 선악 아니 가려진 상태로 자타 속박하게 되어 또 다른 죄의 근원될 수 있다는 것이다.

그의 동지애는 상호 신뢰와 존경 기초하는 담담 애정이다. 언제나 반갑고, 미덥고, 같은 이상 위해 같이 수양에 참가한다는 대견 생각이다. 이것은 열정 아닌 끌림이요, 의리요, 신념이다. 기쁘고 슬픈 일에 서로 안부 주고받으나 서로 구애되지 아니하고, 세상이 이간·중상하더라도 서로 의심 없는 정으로 맺어진 동지애이다.

"세상에 마음 놓고 믿을 만한 한 동지 있다면 이만한 행복 어디 있겠소?"

동지가 변심하거나 정의 이용하여 실제 나 속일수도 있을 것이다. 그러나 그 경우에도 '동지 믿어서 속으라'는 것이다. 이것은 키케로의 로마인 우정 얘기요, 신라 세속오계의 교우이신에 해당한다. 키케로는 평생 한 벗이면 충분하다고 하였다. 그 벗이란 이처럼 마음 놓고 믿는 벗이란 것이다, 그런데 도산은 동지간의 편애가 항상 문제 될 수 있음 지적하였다.

"동지 중에는 친형제 또는 동향, 동취미, 동창 등 이유로 각별히 더 정다운 관계가 있을 수 있으니, 다른 동지들은 이러한 일부 정이나 편애에 기뻐할지언정 의혹, 시기할 일 아니다."

도산은 우리나라가 사랑 나라, 훈훈 미소 나라 되길 바랐다. 그러기에 도산은 늘 사랑 공부하였고 그의 동지들에도 사랑 공부할 것과 도타운 정 쌓을 것 권하였던 것이다.